光影
走在堅持與希望交織的社工路

吳文炎 著

【推薦序】
以微光為引，穿越黑暗的堅韌與陪伴

博幼基金會榮譽董事長
李家同

在這個充滿挑戰與變遷的社會中，社會工作者總是站在最前線，默默承擔著那些最難以察覺的責任與壓力。而文炎的第五本書《光影：走在堅持與希望交織的社工路》，正是一部充滿力量與溫情的實務見證，讓我們看見那些在困境中依然不放棄的社工，以及他們如何在困難中開創希望。

書中的每一篇故事，無論是面對教育資源匱乏的偏鄉學童，還是那些身陷困頓的家庭，文炎總是以一種最貼近人心的方式，陪伴這些孩子和家長走過最艱難的時刻。他不只是單純地提供幫助，而是深刻理解每個個案背後的故事，用實際的行動和耐心，點亮了

這些人生中的微光。

在本書中，我們看見的並不只是一些理論或實務操作，而是文炎用二十多年的實務經驗，將「如何真正幫助人」的理念具體而真實地展現出來。這樣的堅持與智慧，是在教科書裡找不到的，更是一種超越專業的深刻洞察力。

這本書不僅僅是一部社工實務的分享，它更是對每一個在社會角落中默默奉獻的人們的致敬。透過這些故事，我們得以一窺社會工作背後的艱辛，也深刻感受到那些平凡但堅韌的生命力，如何在困境中綻放出無限的可能。

希望每一位閱讀此書的讀者，無論您是社工、教育工作者，還是任何對社會有關懷之心的人，都能從這些文字中汲取力量，繼續為這個社會帶來溫暖和改變。正如書名所言，無論面對多少黑暗，只要我們彼此扶持、堅持不懈，光明總會穿透陰影，照亮前方的路。

【推薦序】
在堅持中點燃希望

博幼基金會董事長
唐傳義

　　文炎在博幼基金會工作了 20 年，他的這本書《光影：走在堅持與希望交織的社工路》，正是博幼基金會 20 多年來服務經濟弱勢與偏鄉地區資源不足孩子的縮影。書中每一個故事都代表著博幼基金會社工人員們努力的過程、挑戰、抉擇與成果。博幼的社工人員就像一盞燈，指引著這些孩子前方的道路。

　　在書中，文炎透過一個個真實的故事，讓讀者看見社會工作者面對的現實挑戰，以及他們如何在這些挑戰中堅持自己的信念，為服務對象帶來希望。每一個故事都蘊含深厚的意義，無論是幫助失意的酗酒中年人找到新的生活目標，還是年輕媽媽小珮決心克服困難成為部落的課輔老師，這些故事展現了人們在社

工的陪伴下如何重燃對生活的信心。

　　社會工作是一個需要極大耐心與信念的工作。文炎的書不僅僅是記錄這些經歷，更多的是展現了他如何將理論與實務結合，在每一次看似無解的困境中，找到突破點，帶領服務對象一步步走向新的生活方向。這本書不僅是他多年工作經驗的總結，更是一部充滿激勵人心的作品。

　　在文炎的故事中，我們可以感受到那份深沉的責任感與使命感。社會工作不僅僅是幫助別人，更是在幫助中，看到希望的延續與生命的重生。每一次的挫折與挑戰，都是社會工作者與服務對象共同成長的機會。

　　這本書的價值在於，它不僅適合社工專業人士，更適合所有對生命有關懷、對社會公義有追求的人。它會讓讀者從不同的角度，重新認識這個充滿挑戰與意義的職業，也讓我們明白，只要有心堅持，每一段生命都能在光影交錯中找到屬於自己的光明。同時，這本書也體現了博幼基金會在社會工作專業上的實踐，不僅幫助了資源不足的孩子和家長，也為偏鄉地

區的課輔老師提供了支持與成長的機會,甚至也在這個過程中提升了基金會工作人員的專業素養與使命感。

我衷心推薦這本書,並相信它將在社工專業領域和廣大讀者心中產生深遠的影響。

【推薦序】

以愛與尊重，刻畫偏鄉教育的希望之路

家扶基金會執行長
周大堯

當接獲吳文炎先生的邀請，希望能為他的新作讚聲時，心裡頭再次地為他感到高興，畢竟要將許多歷年來的服務故事轉化成出版作品，並讓一般社會大眾靜下心思品味閱讀，過程中有太多課題需要克服，但文炎以其堅韌無比的意志力，這些年來無時無刻都期待著，要讓社工助人的軌跡留下深刻印記。文章中透過深入淺出的妙筆，藉著真實故事的闡述，提醒著我們每個人對生活存在價值的特殊意義。

我知道這是作者吳文炎繼「尋味」、「解鎖」、「添翼」、「跡履」後的第五本作品集。文中多數是描述當年在新竹縣尖石鄉與偏鄉兒童課輔的記事，儘

管那已經是歷經多年的往事了，但曾在眼前出現過的每一個身影，再回首時總是又回到那往日的記憶中，透過筆尖重新刻畫出一則則讓人沉浸其中的想像。看到花費浩大心力重新整理的 23 個故事，我必須說，對文炎長期以來堅持不變的理念感到佩服與崇高敬意。在文章字裡行間不斷透露出一個明確信念，就是每個孩子最需要的是愛而不是要別人可憐他，而且最期待的是一份尊重而不是貿然施捨。這同時也是作者吳文炎長期以來服務兒童貫徹的理念，並從案例當中不斷反思，到底有多少的機會或資源曾經來過、卻又悄悄流逝了。

　　成長於偏鄉的兒童，無論是在生活便利性或教育資源等方面，一直都存在著城鄉間不小的差距。眾所周知，就算政府透過各種經濟與社福發展政策手段試圖改變這樣的認知，但偏鄉兒童在許多資源的擷取上難以追上城市的兒童是長期存在的事實。作者畢生投入許多心力在偏鄉兒童教育工作上，非常清楚甚至感慨這些道理，但依然不懈怠地透過許多能夠翻轉的力量，從最根本的課輔管道著力，一步一腳印的試著拉

拔每一個接觸到的兒童。或許在很多年以後，偶然聽到他們的聲音或看見熟悉的身影，有機會聊聊這些不同歷程的成長故事，這同時也開啟執筆這些文章的續篇，從各種視角去啟發出不同階段人生的意義。

這本書與作者過往的作品相較，除了持續著墨在偏鄉兒童案例上，更有許多是蒐集課輔老師的故事。有句話說，照顧一個孩子，需要整個社區的力量（It takes a village to raise a child）。尤其是在偏鄉社區或原鄉部落裡，這種感受特別明顯。要找到合適的課輔師資，願意深入偏鄉去陪伴甚至拉拔這些孩子成長，本身就是一件知易行難的事情。書中的第一個大主題談的是：偏遠地區的教育挑戰與社會支持的因應策略。就是以課輔教師的角度來審視在偏鄉執行基層教育的辛苦，在合適師資不易尋找的同時，還容易受到一些質疑的眼光，對一心想要好好投入偏鄉教育工作的作者來說，那當然是一種很不舒服的感受。每一則故事在閱讀時，腦海裡總是立刻浮現許多栩栩如生的畫面，彷彿是一種身歷其境的體會。每一篇看似獨自發展小故事，實際上卻有非常多的連結性。很開心

看到作者關注到課輔老師的心聲，從篇章中也深刻感受到優秀的課輔老師對偏鄉兒童的長遠影響，也提醒我們究竟還有哪些是對偏鄉兒童教育上被疏忽或遺漏的事情。

　　書中的第二個大主題談的是：決策的長期影響與社會工作實務的現實挑戰。顯而易見的，這無非是作者經年累月在偏鄉社區跟孩子們談教育後的反思。從過去很多案例發現，身處偏鄉又成長於經濟弱勢家庭的孩子，如果想要翻轉人生，就一定要比別人更努力千百倍的決心與執行力。但有許多時候，會因為某些政策推動的方式或是人為因素，讓想要達到的目標打了折扣。這對於一心想要好好在偏鄉施展身手的一線工作者而言，在士氣上難免遭遇挫折。書中提供了許多故事來檢視，如果再來一次遇到同樣的情境，有沒有更好的方法可以幫助課輔老師、孩子家長以及兒童本身都能開心如願呢？

　　很敬佩文炎每隔一段時日就會試著彙整案例，從不同層次去探究社會工作實務面的服務價值，而本書更進一步的嘗試在案例後立刻對照出相關理論，並抽

絲剝繭找到箇中原理，力求達到訓用合一的標竿。我覺得這是非常棒的方式，讓這本書不僅是對一位實務工作者的案例反思而已，更可以進一步幫助從事助人工作的夥伴，透過各案例看到更扎實的理論支撐，就可以更有自信的說，當面對問題時的許多決定，都是有學理依據的，而且學以致用本來就是教育學生的基本大道理，只是工作久了，往往都太倚賴經驗法則在思考，卻忘了有許多理論可以協助案例評估，也能釐清楚當下的決定是好或不好。

社會工作服務的過程需要找到每個人的社會支持網絡，無論對個案是採用賦權、系統觀點還是優勢觀點等，目的都在於發現並了解問題，進而找出差異性，不被既有的經驗框架所牽制，帶出更多的正能量去運行，在人與環境間就更能適應良好。同為資深兒少福利服務工作者，我非常能體會本書中所提到的種種故事意境，字裡行間感受到許多酸甜苦辣的滋味，讓讀者更認識提供服務的課輔老師在陪伴孩子的路上，自然流露出高貴的情懷。

故事中的孩童會慢慢長大，但所有曾經陪伴過的

身影都會留下。作者憶起自己的往日時光，回首那麼多夥伴願意與自己共同走在堅持與希望交織的社工路，內心不斷地澎拜，相信會繼續走下去，不僅散發出一種最純淨的愛，同時也串起每一個生命故事。

　　這本書值得推薦給所有助人工作者，以及每位家長共同品味閱讀。

【推薦序】
以愛與使命，書寫原鄉教育的光影之路

靜宜大學教育研究所助理教授
白惠如

在台灣原住民部落的社會工作現場，我看見了一位漢人社工督導用他獨特的視角，帶著深刻的同理心走進部落。他；文炎，是我曾經共事的直屬主管。這本《光影：走在堅持與希望交織的社工路》不只是一本社工實務手記，更是一段見證部落轉變的珍貴紀錄。身為原民的我深刻體會到文炎筆下那些故事中的每一份溫度與堅持。在部落的脈動中，我看見文炎如何以細膩的觀察，捕捉了原鄉教育工作中最真實的光與影。從秋梅揹著孩子教書的身影，到小珮克服重重困難成為課輔老師的歷程，每個故事都映照出部落教育工作者的韌性與熱忱，更讓我看到教育和社會支持

的重要性。

「堅持並非為追求完美，而是因相信這條路上有我們不可推卸的責任與使命。」每一個孩子的成長背後，都有無數社工默默的付出。他們用愛與專業點亮了無數孩子的未來，讓我們知道，只要共同努力，就能創造出屬於每個人的未來。

文炎不僅是一位督導，更像是一位理解文化差異、尊重在地智慧的同行者。從課輔老師的培育到學童的教育輔導，文炎總是能在資源匱乏中找到創新的解方，特別讓我感動的是，文炎深知原住民社工在部落工作時的獨特優勢，並善用這樣的文化連結來服務族人。這份對文化差異的敏銳度，讓他的社會工作方法更貼近部落需求，也為部落教育工作開創了新的可能。

這是一本讓人看見教育希望的著作，更是一部紀錄原鄉教育工作者堅持與蛻變的生命之書。

【自序】
這條路上有我們
不可推卸的責任與使命

吳文炎

在生命的旅途中,每個人都在尋找屬於自己的方向和意義。對我來說,社會工作的選擇既是無心插柳的誤打誤撞,卻更似冥冥中無處可逃的命中注定。多年來,我走過了許多不同的地方,接觸了無數生命中的高低起伏,見證了貧窮與偏鄉地區的孩子、家庭在教育與生活中的困難,並嘗試用自己微薄的力量,點亮一盞希望之燈。

每當有人問我,為什麼選擇這條路時,雖然我總是一再強調是因為找不到其他工作(這真的是事實),但我也會回想起那些孩子們的眼神,無助中帶著對未來的期待。這樣的目光才是讓我留下來的原

因,讓我深知無論再多困難,我都不能退縮。每一個家庭的故事,每一個孩子的成長,都仿佛編織成了一幅光影交錯的畫布,有困難,也有突破;有眼淚,也有笑聲。這些點滴的經歷,讓我深深體會到,堅持並非為了追求完美的結果,而是因為相信這條路上有我們不可推卸的責任與使命。

　　從一開始,我並不清楚自己能走多遠、能帶來多少改變。但隨著時間的推進,我逐漸明白,社會工作的意義並不僅僅在於解決一個個問題,更在於與服務對象一同面對困難,幫助他們看見希望。正如我在貧窮與偏鄉的孩子們所經歷的,資源的缺乏與環境的惡劣讓他們在教育、生活上舉步維艱,然而,通過社會支持和不懈的努力,他們依然能夠迎難而上,實現夢想。

　　我曾見過許多像秋梅這樣的課輔老師,肩負著家庭與工作的雙重壓力,依然堅持為孩子們提供幫助。她在自己育兒的同時,也在幫助那些無法獲得教育資源的孩子,這種堅定不移的精神,是我在工作中見過最為動人的光輝。同時,阿里的故事也深深感動了

我。他原本是部落裡著名的「馬路英雄」,整天酗酒,生活看似毫無方向,直到我們邀請他成為課輔老師。這對阿里來說,是一次重新站起來的機會。他從一位醉酒的「馬路英雄」轉變為一個認真教學、積極向上的課輔老師。他的努力讓我們看見了即使最微弱的光點,也能在合適的土壤中綻放。阿里教的不僅僅是課本知識,而是用行動來向部落的孩子證明如何在挫折中重新站起來的韌性,這才是最動人的「典範」。

社會工作中,我們經常會遇到無數的現實挑戰,像那些優秀的孩子選擇下山求學的故事,讓我們深感無力,但也正因如此,我們更要在這些挑戰面前不斷尋找解決方法。我們不僅要幫助孩子走出困境,也要賦予他們自我成長的力量,讓他們知道,未來掌握在他們自己手中。

這本書記錄了我在偏鄉地區工作多年來的一些故事,這些故事雖然不大,也沒有波瀾壯闊的情節,但卻蘊含著無數個人和家庭的奮鬥與希望。這些經歷不僅僅是我一個人的收穫,也是無數同行者共同的見

證。無論是孩子們的成長，還是家庭的改變，每一個轉折點，都讓我看見了那光與影交錯之處，存在著無限的可能與希望。

在這條路上，我從未孤單。我身邊有無數像我一樣堅持的人，他們用自己的信念和專業，守護著那些需要幫助的生命。我們相信，這世界上沒有不可能的事情，無論處於多麼困難的環境，只要我們共同努力，就能創造出屬於每個人的未來。

謹以此書獻給與我一起走過偏鄉服務的許許多多的同事們與社區的課輔老師們，有你們同行的那些年是我人生中最美好的存在。

目錄

光影——
走在堅持與希望交織的社工路

推薦序 以微光為引，穿越黑暗的堅韌與陪伴 / 李家同　　002
推薦序 在堅持中點燃希望 / 唐傳義　　004
推薦序 以愛與尊重，刻畫偏鄉教育的希望之路 / 周大堯　　007
推薦序 以愛與使命，書寫原鄉教育的光影之路 / 白惠如　　013
自　序 這條路上有我們不可推卸的責任與使命 / 吳文炎　　015

主題一
偏遠地區的教育挑戰與社會支持的因應策略　　023

01 **大學**——課輔老師沒有大學畢業，怎麼可以教我的小孩呢？　　026
02 **負擔**——對偏鄉學童的負擔真的能夠成為留在偏鄉的主因嗎？　　035
03 **秋梅**——你能接受課輔老師揹小孩上課嗎？　　042
04 **小珮**——你能猜出年輕的媽媽小珮來擔任部落課輔老師的原因嗎？　　053
05 **無力**——督導，我覺得好無力，為什麼成績好的學生國小畢業後都選擇下山讀書呢？　　061
06 **車費**——遇到機構沒有經費的計程車費誰出呢？　　072
07 **告辭**——你會讓喝了酒的爸爸從課輔班帶孩子回家嗎？　　082
08 **稀釋**——面對痛苦的經驗，如何才能稀釋呢？　　090
09 **幸福**——幸福是甚麼呢？　　098

10	**鄔嫚** ── 希望可以學到改變部落狀況的能力與機會	**106**
11	**便當** ── 當福利依賴發生時,該檢討的是誰呢?	**117**
12	**擔心** ── 服務過的個案哪個最讓你擔心呢?	**128**

主題二

決策的長期影響與社會工作實務的現實挑戰　**139**

01	**空姐** ── 您知道我怎麼將她留在尖石後山超過三年嗎?	**142**
02	**翻身** ── 當課輔老師也需要像個案一樣輔導時,你如何抉擇呢?	**153**
03	**羨慕** ── 你會羨慕當年有貴人相助的不幸小孩嗎?	**161**
04	**雙贏** ── 您有專業與熱情嗎?	**169**
05	**員外** ── 你做的是社會救濟還是社會福利?	**180**
06	**請求** ── 該不該答應學校老師的請求?	**191**
07	**任務** ── 面對 58 位絕大多數都是孤兒我該說甚麼呢?	**201**
08	**揹負** ── 課輔媽媽揹的小孩,進國小時跟其他部落的孩子有甚麼不同呢?	**209**
09	**吟詩** ── 課業輔導進入部落 20 年之後,你們希望看到甚麼?	**217**
10	**聚會** ── 弱勢孩子走向弱勢家庭的五部曲	**226**
11	**喜宴** ── 社會工作者的工作應該誰來定義呢?	**237**

主題一

偏遠地區的教育挑戰與社會支持的因應策略

在偏遠地區，教育資源的匱乏和環境的惡劣，使得學生面臨許多特殊的挑戰。這些挑戰不僅包括教育設施不足、師資力量薄弱，還涉及家庭和社區對教育的支持力度有限。大學教育對於這些孩子來說，更像是一個遙不可及的夢想。由於家庭經濟困難，負擔過重，許多孩子不得不早早輟學，進入勞動市場以幫助家庭減輕經濟壓力。然而，這樣的選擇往往讓他們錯失了通過教育改變命運的機會。

　　在這樣的背景下，社會支持系統顯得尤為重要。秋梅的故事是這些困境中的一個縮影。秋梅在偏遠地區擔任課輔老師，儘管肩負著育兒的重擔，她仍堅持不懈地教育和照顧學生。秋梅不僅要照顧自己的小孩，還要應對來自社區和學生的各種需求，這樣的壓力讓她時常感到無力。然而，她依然選擇繼續，因為她知道，如果她放棄，這些孩子將失去唯一的學習機會。

小珮的故事也同樣令人動容。小珮在教育的道路上遇到了無數困難，其中最大的挑戰來自於因學歷低、數學和英文程度不及國小水平而被質疑。然而，在社會工作者的幫助下，小珮不僅克服學科挑戰，成為部落孩子的「用功典範」，也證明了基金會「用時間來換取程度」的策略，展現了為母則強的勇氣與成長的力量。

　　然而，這些努力也並非沒有阻礙。在一些情況下，社工面臨的挑戰不僅來自外部環境，還來自於內部的資源稀釋和管理上的困難。即便如此，他們依然堅持在這條艱難的道路上，因為他們知道，每一個孩子的幸福與未來，都寄託在這些支持和努力上。通過社會的共同努力，這些偏遠地區的孩子們有機會走出困境，迎接更美好的未來。

01
大學

課輔老師沒有大學畢業,
怎麼可以教我的小孩呢?

寫於 2021.06

巨大的泰雅族勇士雕像

我記得那是 2009 年 5 月的一個週六早上,梅雨季的綿綿細雨剛剛結束,難得放晴的週末早上,我準備上尖石後山去看看週末人文教育服務的狀況。當我的車行經尖石鄉的錦屏大橋時,當時巨大的泰雅族勇士雕像還矗立在橋的另一邊,看到大橋旁有幾個臨時的攤位賣著高山蔬菜與五月桃,而其中有兩位基金會在梅花部落的課輔老

師,於是我就將車停在路邊過去跟這兩位課輔老師聊天,順便問問生意如何?

我可以問你一個問題嗎?

聊著聊著的當下就有一位四、五十歲的婦女緩緩的走過來,腳步有點漂浮,這位婦女的臉紅紅的,但是我分辨不出是因為工作曬太陽曬紅的還是其他原因造成的,不過她一開口說話我就知道是應該是因為喝酒的緣故,因為我隔著 1.5 公尺就聞到濃濃的酒味了。我心想我不認識、也沒見過這位婦女,因為如果見過我都一定會有印象。她走到我面前對著我說:「聽說你是博幼的督導是嗎?」我立刻說:「是的,有甚麼事嗎?」她說:「我可以問你一個問題嗎?」我說:「好啊!你問。」她接著說:「那就是為什麼你們的(課輔)老師沒有大學畢業,怎麼可以教我的小孩呢?」

臉色尷尬的課輔老師

我聽完這個問題之後心沉了一下，心想遇到了一位藉酒壯膽的家長來踢館了，當時我在博幼基金擔任督導已經6年多了，我是出了名的脾氣差、耐心差、嗓門大、面相兇，號稱博幼最兇的恐怖督導，上述這個問題我知道很多家長、學校校長、學校老師，甚至學生都很有意見，也很常刁難我們的課輔老師與工作人員，但是從來沒有人敢這麼不客氣地問我這個問題。我看著那位媽媽，又看向旁邊那兩位臉色尷尬的課輔老師，心想：「敢情這位家長是藉著酒意問我這個問題，不知是要為難我還是要為難那兩位課輔老師？」

你一定是一位很關心小孩教育的媽媽吧！

我想了5秒鐘之後笑著回答：「謝謝您問了我這個問題，我想你一定是一位很關心小孩教育的媽媽吧！」這位媽媽聽了我的話之後面露微笑，似乎很受用，接著我說：「我們基金會當然

希望可以找到很高學歷的課輔老師來教課輔的學生，可是無奈您也知道尖石還是比較遠，很多人都沒有辦法每天傍晚或晚上上山來教小朋友，所以我們只能將條件放寬，招募部落的居民來當課輔老師，如果您有認識大學畢業的人願意來課輔老師，歡迎推薦給我們，這是我的名片，上面有我的電話跟手機，歡迎隨時打給我。」

家長最應該在意的不應該是老師的學歷與程度

接著，我又說：「還是您有大學畢業，要不要來當我們的課輔老師呢？」這時她的臉色一陣慌亂與尷尬，急忙搖手說：「我不行，我沒有大學畢業，我也不會教書。」這時，我瞥見身旁的兩位課輔老師啞然失笑，而我故作鎮定裝作沒看見。我接著說：「當然我們很希望有高學歷的老師可以來當課輔老師，但是部落很難找到這樣的老師，可是我們又需要能夠每天或每兩天就能來上課的老師，所以我們只能長期培訓這些老師，

經過 3～5 年長期培訓下來，老師的能力就能夠將國小的學生教得不錯，而這樣的老師就住在部落，不太會搬家，可以在部落教 10 年、20 年，甚至 30 年，所以這樣的老師我怎麼可以不用呢？另外，老師的學歷與程度固然重要，但是家長最應該在意的不應該是老師的學歷與程度，而應該是能不能把您的小孩教會，不是嗎？如果老師的學歷與程度都很好，可以卻沒辦法把您的小孩教會，那這樣的老師對您來說是適合的老師嗎？」

偷偷地對我比出「讚」

這時那位媽媽的臉色更紅了，旁邊的那兩位課輔老師更是驚喜萬分，像是出了一大口惡氣一般的舒暢，偷偷地對我比出「讚」，那時我根本不知所以，後來隔兩天我碰到這兩位老師時才知道為什麼當時他們這般反應了，因為好死不死那位家長的小孩在班上是最後一名，所以當我最後

說出那句話時,那位媽媽只能啞巴吃黃蓮,有苦難言且百口莫辯了。

而且對這位家長來說更悲慘的是她的小孩參加課輔之後居然在沒有大學畢業的課輔老師教導之下進步很多,這樣的結果完全打臉了這位家長的觀念與想法,也打臉了很多人的觀念與想法不是嗎?

所以,**沒有大學畢業的(課輔)老師,可以教你的小孩嗎?**

賦權理論
（Empowerment Theory）

在這篇文章中，賦權理論適用於分析督導對課輔老師及家長的回應和行動。賦權理論強調增強個人及社群的力量和能力，促進他們自主掌控生活，這正是督導在面對家長質疑課輔老師學歷時所採取的策略。家長認為沒有大學學歷的老師不夠資格教導孩子，這反映了他們對師資的有限認知以及對學歷的過度重視。然而，督導選擇透過溝通來改變家長的觀點，不僅是對這位家長的教育，也是對整個部落的賦權。

首先，督導對家長的疑問表示理解和同理，這種溝通方式促進了信任，拉近了家長與課輔老師之間的距離。督導強調這些老師雖然學歷不高，但具備熱忱和持續的培訓，有能力有效教導

學生,並且強調這些老師能夠長期留在部落,對孩子的教育持之以恆,這比僅憑學歷的高低來衡量教學能力更有意義。這種賦權的方式,不僅賦予了課輔老師教學的自信,也讓家長逐漸認同老師的努力和價值,進一步促進了老師和家長之間的合作,形成對孩子有利的學習環境。

其次,督導還透過提供名片和鼓勵家長推薦合適的教師,進一步推動家長參與教育決策的過程。這種做法讓家長感受到自己對孩子教育的影響力,進一步賦權給家長,讓他們成為積極參與者,而不是被動的質疑者。在這過程中,賦權理論體現了對每個角色在教育系統中發揮影響力的尊重和提升。

最後,督導對課輔老師們的肯定和支持,也起到了賦權的作用。透過讓老師們理解自己在教育中的重要性和長期的影響力,督導提升了老師們的自尊和自信,進一步激勵他們更加努力地教

學,從而更好地服務部落的學生。這樣,賦權不僅限於學生和家長,還體現在課輔老師的專業發展上,使他們成為有能力影響學生生活的關鍵人物。

02
負擔

對偏鄉學童的負擔
真的能夠成爲留在偏鄉的主因嗎？

寫於 2021.07

最短的一天就下山了

2008～2009 年大概是我人生當中面試過最多人的兩年，因爲我這兩年至少面試超過 100 位應徵者，面試的次數與人數多到我已經心如止水、不起波瀾的看待任何學經歷的應徵者了，因爲從一開始很期待與興奮到最後的失望與沮喪，慢慢地我不再完全相信應徵者的熱情與言語，也不再單方面的相信應徵者對偏鄉學童的「負擔」

了，因為很多對偏鄉學童的負擔的人上山之後都敵不過偏遠地區生活機能不佳與不便，以及工作很辛苦、不容易有成效的現實，最短的一天就下山了。

錢少、事多、離家遠、工作辛苦、督導很兇

我從事社會工作與到偏遠地區工作一開始都不是我對任何人或族群有任何的負擔，或者有任何偉大的理想與抱負，剛開始純粹只是找個工作，餬一口飯吃而已，因此我對於從一開始就對弱勢者或偏遠地區有負擔情節的人印象都是加分的，非常非常佩服的。因此在面試時有負擔情節的人經常都是比較容易錄取的，可是當真正開始在偏遠地區工作之後，似乎跟我的預期有很大的落差，當然，這也不該將責任推給這些應徵者，本來在偏遠地區從事社會工作就是一份「錢少、事多、離家遠、工作辛苦、督導很兇」的工作，雖然面試時我都會很認真的，也很明白地告訴應徵者在博幼基金會尖石中心工作的這五大特色，

但是不知為何很多應徵者都高估自己的理想與抱負,以及對偏鄉學童的負擔,以為自己可以在偏鄉工作很長一段時間,這其實是我一直無法理解的困惑。

想不通之後索性也不想了

而我更大的困惑是反而我這個沒有理想與抱負及對偏鄉學童沒有任何負擔的人反而可以撐比較久,這個問題一直困擾我很久,想不通之後索性也不想了,只能接受有無理想與抱負及對偏鄉學童的負擔或許跟能不能委身在偏遠地區沒有高度相關,因此經過一段時間之後我就不會有錯誤的期待了。

使命產生的前提可能是你能不能將你的社會工作做好

所以,後來我在面試時更在意的有沒有辦法把事情做好與將問題解決,因為後來我發現當一

個人無法將手上的工作做好的時候,再大的理想與抱負甚至負擔其實都是多餘的,都是不切實際的個人幻想。而當你可以把自己的工作做好之後,如果你願意,你就可能會出現原本沒有的理想與抱負,慢慢地你就可能會產生「使命」,所以我個人猜測「使命」產生的前提並不是你有多大的理想與抱負,更不是有多少負擔,使命產生的前提可能是你能不能將你的社會工作做好?能不能有成效?能不能真的幫助到服務對象?因為對於我認知的社會工作而言,如何有效的協助服務對象,解決或減緩服務對象的問題,讓弱勢者脫離弱勢是社會工作的終極目標,而理想與抱負甚至負擔都應該在這些基礎之上才能成立,否則理想與抱負甚至負擔就只是畫餅充飢的自欺欺人罷了!

　　所以,您認為**應徵者對偏鄉學童的負擔真的能夠成為留在偏鄉的主因嗎?**

優勢觀點
(Strengths Perspective)

　　文章探討了對偏鄉學童的負擔是否能成為留在偏鄉的主要動力，這適合用優勢觀點來進行分析。優勢觀點強調發掘並利用個體及社群中的正面資源和潛力，以達成積極的改變。在多次面試應徵者的過程中，督導發現許多人表達對偏鄉學童有「負擔」和「情感」，但在實際面對偏鄉艱苦的生活和工作環境時，卻無法堅持下去。然而，正是在這種現實挑戰中，督導逐漸強調了另一種更加務實和有效的「負擔」概念。

　　一開始，督導自己並沒有特別偉大的理想或抱負，只是單純為了養家糊口，但在實際的工作中，督導慢慢發掘自己的潛能和對偏鄉工作的貢獻，並且在幫助學童的過程中找到了自己的價

值。這種過程其實就是優勢觀點的應用：督導並非一開始就抱持偉大的理想，而是在投入工作後，發現了自己的強項和能夠帶來的改變，於是進一步投入更多的努力和熱情。這正說明了一個人只要擁有足夠的資源和支持，就能逐步發揮自己的潛力，並在過程中成長。

此外，在後來面試應徵者時，督導更注重的是他們是否能務實地解決問題並且做好手邊的工作，而不是僅僅依靠「負擔」或「情感」來維持熱情。這也是運用優勢觀點的實踐，因為每個人都有自己可以發揮的潛力，而作為督導，要做的就是找到那些潛力，並利用適當的資源去支持他們發揮這些潛力。在這種情況下，強調務實的能力，是基於相信每個應徵者都有可以被發掘的強項，而這些強項將是偏鄉教育工作持續發展的重要資源。

總之，這篇文章運用了優勢觀點來強調，真正能夠對偏鄉學童做出貢獻的，不一定是那些一開始就有理想和負擔的人，而是那些在面對挑戰時，能夠找到自己力量並持續做出貢獻的人。這種觀點鼓勵社工人員在看待自己和他人的時候，注重發掘內在的優勢和資源，以克服困難並實現改變。

03
秋梅

你能接受
課輔老師揹小孩上課嗎？

寫於 2021.07

無巧不成書的相遇

2008 年當時博幼基金會還沒有聘專職的英文老師進到部落幫課輔老師們定期培訓，而是招募英文志工每週六到部落來幫課輔老師進行培訓。當時尖石中心招募到的是一位在台北市彭博社擔任翻譯人員的志工林小姐。有次跟林小姐聊天得知她是台大外文系畢業的，我就跟她說我在雲林縣四湖鄉飛沙國中有一位同學也是考上台大

外文系,結果沒想到他們兩位竟然是大學同學,真是無巧不成書啊!

林小姐的奉獻

林小姐每週六從台北自己開車到尖石鄉來免費幫忙培訓課輔老師,而課輔老師當中有幾位年輕的媽媽,小孩都還在襁褓當中,老師如果要接受培訓或上課就必須把小孩帶在身邊,為此,我們內部還經過了一些討論。討論的過程中當然會有同仁提出不同意見,尤其是聽到部落的家長對課輔老師帶小孩一起上課非常有意見,認為這樣會嚴重影響上課學生的學習,因此一直有聽到反對的聲音。

家長的質疑

其中有一個部落的家長特別明顯,話說得不是很客氣、也很不好聽,甚至有家長直接當著我的面問:「督導,你們怎麼能夠讓課輔老師揹小

孩上課呢？」這些話語嚴重地影響了課輔老師與工作人員的士氣，有幾位老師已經因為受到很大的壓力開始考慮退出了，而秋梅就是其中一位課輔老師。

秋梅的堅持

秋梅是個不到 25 歲的年輕媽媽，她的女兒不到 2 歲，還不太會走路，因此看到秋梅時常常都是背著小孩。秋梅說小孩揹著才能做事，不然真的很不方便，連騎車都不行，更不用說工作了。因為要自己帶小孩，所以沒有辦法去找全職的工作，平時就在家裡山上的果園幫忙，因此當她發現課輔老師的兼職工作時就報名參加。

認真的學習

秋梅的學歷雖然只有高職畢業，但是因為很年輕，因此學習能力相當不錯，自己也非常認真用功。因為知道沒有教學經驗，擔心被家長與學

生認為不能勝任,所以參加課輔老師的每週培訓她總是最用功的那一個。而且因為在部落小孩很難找到合適的人托育,所以她總是揹著小孩來參加培訓,同時也是揹著小孩教學生。

面對壓力

剛開始她的小孩偶而會吵鬧,上課學生有時候也會覺得被干擾,但是秋梅總是耐心地安撫小孩,不溫不火地指導學生與安撫自己的小孩。但是那怕秋梅表現得多鎮定與從容,但內心受到來自部落家長與家人的質疑依舊慢慢侵蝕著這位堅強媽媽的信心。

正式的表態

就在得知部落家長的質疑壓力之後,我們決定在家長座談會時必須有一個正式的表態。之前都是在非公開場合個別說明與解釋,不過看起來效果不彰,因為很多家長有意見都不會當面說,

都是私底下傳話,這讓我們很困擾,而家長座談會是多數家長集合的場合,正式說明最好不過了。

有力的支持

於是我請工作人員整理了一下秋梅參加的培訓出席率與進步狀況,以及這位老師教的學生最近半年的進步狀況。在家長座談會時我就告訴所有家長:「這個部落有 1 位揹小孩上課的課輔老師,我有聽到部落家長對這件事情很有意見,但是我請工作人員整理了一下這位老師培訓與教學的相關資料。這位老師的培訓紀錄當中顯示半年來她雖然都揹小孩在週六上培訓課程,但是培訓的出席率是 100%,沒有請過一次假,甚至比沒有揹小孩的課輔老師還認真,同時英文志工老師交代給她的培訓作業都是準時完成的;另外,她教的學生進步狀況是超過整個部落,甚至整個中心的。你們只看到她帶小孩上課,但是你們卻沒

看到她有多認真、多努力,也沒看到她教的學生進步多少?同時還要承受多少閒言閒語的壓力!你們告訴我,這樣的老師如果我不用,那請問我要用什麼樣的老師呢?」

意外的支持

結果我話還沒說完就瞥見旁邊的秋梅眼角泛淚,低著頭,而這時令人意外的狀況出現了,本以為氣氛如此僵硬,肯定有很多家長很不服氣,甚至我都已經準備接受有家長憤而離席了,不過以我暴躁的個性,雖然已經有這樣的預想,但這些話我還是一定要說的。結果,出人意表的是一位坐在最前排的爸爸忽然站起來,這個忽然的舉動嚇了我一跳,但是我不能表現出來,雖然他比我高10幾公分,身體健碩,不過這種場合就算他要挑戰我,我也不能認慫。結果這位爸爸竟然是轉過身舉起雙手對著在場將近40位家長說:「讓我們為這位老師鼓掌,謝謝她努力的教導我

們部落的孩子。」話一落下，竟然全部的家長都大聲鼓掌謝謝這位老師，這時秋梅泛紅的眼眶再也止不住淚水地流下來了。

改變的風景

之後每個部落的家長座談會我都親自說明博幼基金會完全支持有小小孩的課輔老師帶小孩或揹小孩來培訓跟上課。從此以後，這個部落甚至整個中心，再也沒有任何反對課輔老師揹小孩上課的話語出現了，後來課輔老師揹小孩上課的風景照片反而成為尖石中心的特色與特產了。

同理心與支持

後來甚至有另外一個同時有超過三個小小孩的部落，於是我們就爭取幫這些小小孩再請一位課輔老師來照顧，讓他們的媽媽可以安心上課與培訓。有同仁提出真的需要做到這樣嗎？而我卻回答說：「你看到的是基金會多花經費與人力，

而我看到的卻是這些小小孩以後也會來課輔，反正遲早都會到我們手上，為何不趁這個機會從小培養學習的習慣與能力呢？等到他們進小學之後，你覺得會跟其他小孩的能力一樣嗎？」

課輔老師的堅持

所以，你能接受課輔老師揹小孩上課嗎？

生態系統理論
（Ecological Systems Theory）

在這篇文章中，生態系統理論適合用來分析秋梅的情況。生態系統理論強調個體與其生活環境之間的相互作用，特別是不同社會層面如何影響個體的行為和適應。秋梅是一位年輕的母親，生活在部落中，帶著不到兩歲的小孩來參加課輔老師的培訓。在這個案例中，秋梅的選擇和她所處的多層次社會環境之間存在著深刻的互動關係。

首先，從微觀系統層面看，秋梅的行為受到個人家庭的直接影響。她是一位年輕的媽媽，必須帶著小孩來參加培訓，這顯示出她所處的家庭功能較弱，無法為她提供托育的支持。因此，她的家庭結構直接影響了她如何參與工作和培訓

的方式。秋梅在這樣的困境中，依然選擇參與培訓，顯示了她對改善家庭經濟狀況和提升自我能力的強烈動機。

其次，在中介系統層面，部落內的家長和家長座談會對秋梅的情況產生了影響。有些家長對秋梅帶著孩子上課感到不滿，認為這會影響學生的學習效果。面對這些質疑，我在家長座談會上公開支持秋梅，並以數據證明秋梅的培訓和教學成效，這不僅緩解了家長的疑慮，也促使部落對這種情況有了新的理解和接受，顯示了中介環境如何影響秋梅的社會角色和地位。

最後，從宏觀系統層面來看，部落的社會文化背景影響了秋梅的職業選擇和生活方式。部落地處偏遠，教育資源匱乏，缺少能夠兼顧家庭和工作的職業選擇。博幼基金會提供的這種可以帶著小孩工作的機會，為像秋梅這樣的年輕媽媽提供了獨特的就業機會，這不僅讓她能夠兼顧工作

和家庭,還能持續提升自己的教學能力。這反映了宏觀系統中政策和社會支持系統如何影響個體的選擇和生活品質。

綜上所述,生態系統理論強調秋梅在個人、家庭、社區以及更廣泛社會結構中的相互作用,這些層次共同影響了她的選擇和適應過程。我對秋梅的公開支持不僅增強了她的信心,也改變了部落對女性工作和育兒的看法,這是對生態系統中不同層面的有效干預。

04
小珮

你能猜出年輕的媽媽小珮
來擔任部落課輔老師的原因嗎?

寫於 2021.06

大熊不知該如何決斷

2009 年尖石中心（新竹縣尖石鄉）社工員告訴我來了一位很特別的課輔老師，特別的原因是這位課輔老師非常年輕只有 20 歲出頭，可是已經是兩個小孩的媽媽了，同時大的小孩 5 歲，小的 2 歲；另外一個特別的原因是小珮雖然國中畢業，但是前測所有英文與數學的考卷都是沒有通過的，這代表甚麼意思呢？代表小珮的英文與

數學程度連國小一年級都沒有達到,而這也是社工員大熊特別詢問我如何處理的原因,因為雖然我早就說過只要部落的居民願意也有時間來參加課輔老師的培訓,那麼不管他們的程度有多差我們都會接受與培訓,但是像小姵這種程度的部落居民,整個中心甚至整個基金會的同仁都沒有遇到過,因此大熊不知該如何決斷。

用時間來換取課輔老師的程度

我聽完大熊陳述小姵的狀況之後,我也問了幾個問題,小姵從小住在竹東,因為很不喜歡讀書,加上家裡也沒有人指導功課與盯功課,上了國中之後因為愛玩,因此國中畢業之後就沒有升學了,畢業之後沒多久就認識了她的先生,後來也很早就結婚生小孩了,結婚之後就在家裡擔任家庭主婦。

而我了解小姵的狀況之後反而問大熊為什麼會有疑慮?為什麼會覺得不知道該不該培訓小姵

擔任課輔老師？大熊最大的疑慮就是小珮的程度問題，但是我再一次重申基金會培訓偏遠地區居民的政策與想法從來沒有更改與動搖過，只要偏遠地區的居民有「時間」且「願意配合」基金會的師資培訓，不管「程度（哪怕沒有程度）」我們都會進行長期的課輔老師培訓，因為我們本來就是準備「用時間來換取課輔老師的程度」，更何況小珮才 20 歲出頭，如果我們好好培訓她，30 歲以前就可以成為一位稱職的課輔老師，那麼她可以在部落教小朋友多少年呢？（想到這裡我都覺得是基金會賺到，怎麼可以放過這種老師呢？）因此我反而不解地問大熊，小珮到底哪裡不符合課輔老師培訓的資格呢？這時大熊才放下心中的大石，鬆了一口氣！

兩個學齡前的小孩自己就不太會教了

而小珮家庭的經濟狀況其實還不錯，並不需要工作增加家庭收入，因此他來應徵課輔老師的

動機也跟其他人很不一樣,其實是因為她的生活幾乎都是在家裡帶小孩,還滿無聊的,同時也因為要帶小孩的關係根本不可能去工作,所以應徵課輔老師也可以賺一點自己的零用錢。

　　不過其實還有一個最重要的原因,讓她決定不管程度再差都想要應徵課輔老師,都一定要參加課輔老師的培訓。那就是她發現自己都還不夠成熟,也還沒有具備當好一位媽媽的教養能力,兩個學齡前的小孩自己就不太會教了,將來孩子上小學之後更不用說了,所以她很害怕自己根本沒有辦法好好的教導自己的小孩,不論是生活常規甚至是將來的學校功課,她自己都不會怎麼教孩子呢?於是當她看到博幼基金會願意從頭開始培訓課輔老師時,「期待自己成為一位稱職的媽媽,可以教自己的小孩」這個動力讓小珮不畏懼各種歧視與嘲笑的言語與眼光毅然決然地勇往直前,面對一切困難與挫折。

我就是用行動代表一切

小珮在一次採訪時對自己那段時間行為的陳述:「上課時學生都知道我的程度不好,所以都會故意挑戰我,遇到不會的問題,下課後我就趕快去請教別的老師跟專職教師,努力的把它搞懂再教學生,我就是用行動代表一切。」小珮的行動是經過一年的培訓,數學從沒有程度到通過四年級的程度,她的進步所有人都有目共睹,原本各種質疑的聲音一年之後就完全消失了,因為她成為部落孩子的最佳「用功典範」,也讓自己的孩子有很好的模仿對象,而小孩的學校功課她也完全可以指導,所以他的小孩成績都名列前茅。

在小珮的身上我看到了為母則強的勇敢,也印證了博幼基金會**「用時間來換取課輔老師的程度」**這項策略,更看到了偏遠地區的希望。

賦權理論
（Empowerment Theory）

　　小珮的故事非常適合用賦權理論來進行分析，因為這個理論強調增強個人和社區的力量，使其能夠掌握自己的生活並發揮更大的潛力。小珮，雖然年輕且學歷不高，但她展現出了對改變自己和孩子未來的強烈渴望，而這樣的渴望和努力得到了博幼基金會的支持，讓她走上了一條自我賦權的道路。

　　首先，小珮在成為課輔老師的過程中得到了來自基金會的支持，這是一個典型的賦權過程。基金會明確表達了對部落居民的支持政策，願意投入時間和資源對其進行培訓，不論其起點多低。這一點對小珮尤為重要，因為她的學歷和學科能力都遠低於正常的教學標準，但基金會看到

了她的潛力和願意學習的態度,並且堅持通過長期培訓來提升她的能力。這種支持本質上就是對小珮的賦權,讓她在本來並不具備優勢的條件下,也能夠逐步成長為有能力教育他人的角色。

其次,賦權理論的核心是增強個體對自己生活的控制感和自信心,小珮正是在這個過程中獲得了這些品質。她的初衷並不僅僅是為了賺取生活費,而更多的是想成為能夠教育自己孩子的母親。在成為課輔老師的過程中,她學會了如何教導孩子,並且透過教學來提升自己,這不僅讓她對未來更有把握,也增強了她作為母親在家庭中的角色和功能。這樣的轉變是對她個人生活的巨大賦權,使她能夠更好地引導自己的孩子,並為他們提供更好的成長條件。

最後,基金會的策略不僅是對小珮的賦權,也是對整個社區的賦權。這種長期的培訓不僅改善了小珮個人的能力,還讓部落裡的其他人看

到，教育和努力可以帶來改變和進步。這種社區層面的影響，能夠促使更多的居民，尤其是年輕的母親們參與到類似的課輔計劃中來，進一步提升整個部落的教育水平和生活質量。

　　總之，小珮的故事體現了賦權理論的多重層次，她通過基金會的支持獲得了改變自己和孩子生活的能力，這不僅使她變得更加自信和自主，也為社區樹立了一個榜樣，顯示出努力和學習的力量能夠真正改變人生。

05
無力

督導，我覺得好無力，
為什麼成績好的學生國小畢業後
都選擇下山讀書呢？

寫於 2021.06

無情的打擊與挫折總是出乎意料地出現

2008 年 6 月當金融海嘯開始醞釀、準備失控而襲擊全球經濟的同時，遠在新竹的原住民部落的我也遭逢從事課業輔導以來最大的學生危機，當時我已經結束一年開車 70,000 公里，大約可以繞行台灣 70 圈的車上歲月，搬回桃園龍潭居住。經過一年多的努力，好不容易在尖石鄉

與五峰鄉的課業輔導已經漸漸上軌道,小學六年級的學生也有不小的進步,正當我們覺得課輔的未來充滿希望、大有可為、正要大顯身手的時候,無情的打擊與挫折總是出乎意料地出現,讓大家差點措手不及、驚惶失措。

工作人員感到巨大的挫折感與無力感

因為當時接到一個又一個的壞消息,很多國小課輔畢業生的家長都決定讓學生下山念國中,這次的人數比以往要多出不少,總共 61 位參加課輔的小六畢業生竟然有 31 位決定下山念國中,半數的學生下山讀國中是甚麼概念,就是有一半 12 歲的學生必須每天越區通勤或住在山下就讀國中,而山上的國中只能留下一半的學生,難怪山上的國中學生越來越少。而更令人感到沮喪的是不僅有一半參加課輔的學生不能繼續參加課輔,國中之後課輔學生快速減少只剩一半了,更令人崩潰的是下山的這一半學生是成績表現比

較好的,而留下來的是成績表現相對比較差的學生,這讓我們的工作人員感到巨大的挫折感與無力感,因為好不容易經過一兩年將這些孩子的程度補救起來,結果卻是更多的孩子要下山離開課輔班。

為什麼成績好的學生國小畢業後都選擇下山讀書呢?

就有一位工作人員不解與失落地說:「督導,我覺得好無力,為什麼成績好的學生國小畢業後都選擇下山讀書呢?這樣的結果好像是在懲罰我們將孩子教得太好了,好到家長與孩子覺得可以有信心下山跟平地的學生一較高下,而我們只能繼續留在山上教程度相對差的學生,難道這就是偏遠地區從事教育工作的宿命嗎?」當時這樣的想法充斥在我的工作團隊當中,而我也想起這些話似乎很耳熟,這些話不就是偏遠地區國中校長與老師最大的困擾嗎?程度好的國小畢業生

都會下山或到都市搏機會，造成偏遠地區的國中狀況越來越差，因為學生國一進來的程度原本就不好，國中老師即使有心也很難讓他們迎頭趕上那些下山的學生，學生程度差老師教學就沒有成就感，老師的教學熱忱就很容易被消磨殆盡，最後要嘛麻木不仁、見怪不怪、隨波逐流，要嘛失望離開這個傷心地，似乎這就是偏遠地區教育工作者逃離不了的宿命。

我們究竟有甚麼存在的意義與價值呢？

面對這樣的宿命與困境，我沒有悲觀與抱怨的權利，因為博幼基金會的出現就是為了解決這些難解的宿命，於是我告訴那位工作人員：「如果我們碰到這樣的事情只能跟學校老師一樣的無奈，那麼我們到底為什麼要到偏遠地方來工作？我們究竟有甚麼存在的意義與價值呢？」接著我說：「面對這一點小小的挫折你就要放棄了嗎？當初你放棄代課老師的高薪工作到博幼基金會來

偏遠地區工作，究竟是為了甚麼呢？不就是想要做一點不一樣的事情嗎？你的理想與抱負這麼輕易就被擊垮了嗎？你甘心這樣一事無成的下山嗎？」這時工作人員的眼神開始從沮喪變得不甘心與憤怒，於是我套了一句當時很流行的彩券廣告詞，告訴工作人員：「我們要玩，就玩大的！敢不敢？」當時工作人員的眼神又開始轉變，出現了期待，我接著說：「我們來做一件大事，做一件別人想都不敢想的事情如何？你想像一下三年後，如果留下來的 30 位學生考基測時的成績有幾個可以考得比出去山下念書的學生成績還要好，你覺得有可能嗎？」工作人員說：「當然不可能啊！因為正常情況之下留下來的學生成績本來就比出去的學生成績差，加上三年的城鄉差距一定越差越遠才對，怎麼可能留下來的學生會考得比出去的學生好呢？如果是這樣家長幹嘛把學生帶出去山下讀書呢？」

如果我們用三年的時間

「那如果我們用三年的時間,來做這件事情呢?每週五天的晚上都幫留下來的學生加強功課呢?用博幼最好的老師來教他們呢?你有沒有信心可以讓幾個願意讀書的學生跟上甚至超越下山的學生呢?」這時這位工作人員終於面露笑顏了,因為他看到希望了。

偏遠地區家長把孩子帶出去都市或山下讀書是不得已的選擇,雖然帶出去需要多花時間與金錢,同時也有諸多風險,比如很多孩子到山下就流連網咖,沉迷在花花世界的都市當中,加上家長未必可以在身邊,孩子出現行為問題的比例不低,但是教育資源的不均等讓他們不得不在孩子成績不錯時(成績如果差就不需要下山了),被迫需要作出抉擇,與其留在山上幾乎沒有未來(這件事情不是哪個人與哪個單位的錯,而是大環境使然),不如就下山一搏吧!我們很難期待家長不把成績好的學生帶下山讀書,我們唯一能

做的事情就是把留下來的學生教好,讓三年後的差距變小,甚至比出去還好,這樣家長才會思考要不要把程度好的學生留下來念國中。

家長看到留在山上的國中就讀也可以考得不錯

三年之後,博幼課輔的學生考了不錯的成績,有 54.5% 的學生不需靠原住民加分就可以考上公立高中與公費的護專,這是從來沒有發生過的事情,同時當年度開始下山讀國中的學生就開始減少了,因為家長看到留在山上的國中就讀也可以考得不錯,相較於下山已經相差無幾了,於是自然就會有更多的家長選擇將孩子留在山上讀國中了。

當時山上國中的校長也跟我商量,他去國小招生時把博幼的免費課輔當作學校的教育與社福資源,吸引更多家長把程度好的學生留在山上讀書,不需要再花費大量時間與金錢去面對不可預知的未來,留在山上一樣可以讓孩子獲得良好的

學習環境,同時還可兼顧前途與家庭生活。

當你面對無力的狀況時,你是跟其他人一樣的抱怨,還是勇敢地做別人沒做過的事情呢?

危機調適理論
（Crisis Intervention Theory）

在文章《無力》中，危機調適理論適合用來分析社工督導在面對偏遠地區教育危機時的應對方式。危機調適理論強調在個體或群體面臨突如其來的挑戰時，通過即時和短期的干預措施，幫助其度過危機，恢復穩定並重新獲得掌控感。督導面臨的危機是大量國小畢業生選擇離開偏遠地區去都市就讀，這使得偏鄉的課輔工作陷入困境，尤其是成績好的學生離開後，留下的多是學習成績較差的學生，讓課輔工作者感到沮喪和無力。

首先，這個情況構成了一種集體性的危機，尤其是對社工督導及其團隊來說，他們面對的是偏遠地區教育資源和學生流失之間的惡性循環。

根據危機調適理論，面對這種情況，首先需要對危機進行認識並且穩定情緒。因此，督導在最初面對這種大量學生下山的情況時，並沒有立即進入自責和消沉的狀態，而是意識到這是一個需要積極應對的問題。他也清楚地認識到這並非他們工作的失敗，而是偏遠地區教育資源不足和社會資源分配不平衡所導致的結果。

接下來，危機調適理論強調干預措施的實施以減輕危機帶來的負面影響。督導對工作人員說：「如果我們碰到這樣的事情只能跟學校老師一樣的無奈，那麼我們為什麼要到偏遠地方來工作？」這一問句讓工作人員重新審視自己的使命和目標，並激發他們再次投入工作的熱情。隨後，督導提出具體的干預計畫，即對留下來的學生進行更加深入的教育輔導，每週五天晚上持續加強功課，並使用最優秀的老師進行授課，這樣的計畫不僅為這些學生提供了額外的學習支持，

也形成了一個更加有針對性的教育干預措施，這正是危機調適理論中「即時干預」的具體應用。

最後，危機調適理論中的一個重要目標是幫助個體在危機後恢復穩定並重新掌控生活。督導的策略顯示出對學生和家長信心的重建，通過加強教育品質和課輔時間，最終在三年後取得了讓偏鄉學生考取優秀成績的結果，這一成功不僅重新建立了偏鄉學生的自信，也改變了家長們對於偏鄉教育的信心，進一步促使更多的學生選擇留在偏遠地區完成學業。

整體而言，危機調適理論在這篇文章中幫助我們理解了督導如何在面對學生大量流失的教育危機時，採取及時、針對性的行動來化解危機，最終不僅幫助學生走出困境，也為偏遠地區的教育發展注入了新的生機。

06

車費

遇到機構沒有經費的計程車費誰出呢？

2023.11.04

想不起來的事情

　　這是一件我早已想不起來的事情，約莫是發生在 2005 年的秋天吧！小朝是住在埔里外圍的一個知名社區，這個社區大概是埔里最知名的觀光社區，但是距離鎮上卻有一段距離，同時因為車流太大，因此很少小朋友能自己騎腳踏車到鎮上。

一項重大的打擊

　　小朝參加課輔是小學五年級，雖然家庭經濟

狀況符合經濟弱勢的標準，但是小朝的家裡沒有大人可以騎車載小朝與弟弟到課輔班上課。除了小朝兩兄弟之外，另外還有兩位小朋友也是同樣的交通問題，如果沒有辦法解決交通問題，那麼這四個小朋友就無法到課輔班上課了，而對於好不容易才說服學校願意跟博幼基金會合作的我與社工員珮菱來說無疑是一項重大的打擊，尤其是珮菱看著很想讀書的這四個小孩（尤其是小朝）更是於心不忍，無奈附近也沒有家長有車可以幫忙接送，所以珮菱一直跟我討論如何解決交通問題，希望可以讓這四個孩子順利參加課輔班。

無奈現實就是如此

後來，珮菱想到了一個方法，那就是請計程車幫忙接送，但是即使是公益價一天兩趟的計程車費依舊不低，根本不是這四個孩子的家庭所能負擔。於是我們討論著不知機構能不能幫忙負擔計程車費？但是詢問的結果是之前沒有這樣的案

例,同時機構沒有這部分的預算與經費,因此必須請家長自己想辦法解決交通問題。這樣的結果不出意外,雖然我們評估的結果家庭經濟的確無法長期負擔計程車費,也沒有辦法自己解決交通問題,因此最終的結果大概就是因為無法解決交通問題而放棄參加課業輔導了!即便這四個孩子都想讀書,無奈現實就是如此!

請社工員來工作不是來當一般的司機的

但是看到想念書的孩子因為交通問題被迫放棄,珮菱也想過自己去載孩子來上課,但是他的摩托車只能載一個,而且已經有乘客小山了,所以只好作罷。另外其實我當時也並不同意工作人員長期去載小孩來課輔,除非是像小山這樣特殊的個案,一定要由社工員接送,否則一般的孩子是不需要請社工去接送的,因為這樣會浪費社工人員的專業時間,反而壓縮社工人員專業工作的時間跟效率,這是非常不智的做法,雖然很多

機構都爲了省錢這樣做，但是我要說句公道話－機構請社工員來工作不是來當一般的司機的。

我們就這樣算了

後來我們實在找不到其他方法來解決交通問題，加上又不忍心看著這四個孩子與家長可望課輔卻不可得的眼神，於是我就跟珮菱說：「方法我們都找遍了！但是依舊找不到安全又可行的方法可以讓這四個孩子穩定參加課輔。即便是這樣你還是很想幫助他們解決交通問題嗎？還是你想放棄了？我們就這樣算了？」珮菱回答我說：「督導，我還是希望能幫助他們，因爲一次就四個小孩不能來上課，以前看著一個不能解決交通問題的孩子放棄課輔，我心裡就很難過了，明明很想努力讀書脫離貧窮與犯罪，但卻沒有機會，這種無奈與無望感不應該出現，更何況這次是四個小孩，我還是很想幫他們。」

你願意犧牲自己的權益嗎

　　我會這樣問珮菱是因為我還有一個方法，但是這個方法不能先用，這個方法必須在所以方法都找遍了依舊找不到方法之後才能用，同時我要確定社工員對於超過機構規定的協助是不是社工員自己想要做的，如果是，這個方法才能用，否則也是不行的，這是我的原則。確定了珮菱是真的很想幫助這些孩子，即便超過機構服務的規定與範圍之後，我就問珮菱說：「其實如果你真的想幫這幾個孩子不是完全沒有方法，但是你願意犧牲自己的權益嗎？」

犧牲自己的權益

　　珮菱的回答沒有令我失望，他很興奮地說她願意在她能力所及且可以忍受的情況下為這幾個孩子犧牲自己的權益。於是我就跟她說：「這個方法其實很簡單，我早就想出來了，但是這個方法只有最後才能用，那就是我們兩個一起付計程

車費用，因為是你想幫這些孩子，所以你要付計程車費，而我是你的督導，我也認同與支持你這個想法，所以我也跟你一起出計程車費，因為我們兩個都覺得這個交通問題「應該」獲得解決，所以我們就想辦法讓交通問題「可以」解決。同時因為我是督導，我的薪水比較高，但是我不只你一個社工員，所以我只能幫你出三分之二，你自己要出三分之一，你覺得可以接受嗎？你可以負擔嗎？」最後還不忘的提醒她這件事千萬不能讓我太太知道，不然我就慘了！

重新思考是否應該協助交通有困難的家庭

珮菱更興奮地說：「可以可以，當然可以！謝謝督導！我趕快去跟家長與老師報告這個好消息！」於是小朝等四個小孩就成為博幼基金會課輔班第一批坐計程車上課的小孩了，而且小朝這四個小孩都很認真的來參加課輔，經過一學期之後，博幼的執行長看到孩子都很穩定參加課輔，

也很認真上課,於是重新思考是否應該協助交通有困難的家庭,因此第二學期之後我跟珮菱就不用再幫忙出計程車費了,這件事情總算有個圓滿的結局了!

優先犧牲誰的利益

社會工作迷人的地方就是我們可以透過倡議的方式無中生有,同時也可以讓自己本身成為倡議的工具,透過先讓事情成功的方式去說服機構或旁人願意投入更多的資源來協助應該協助的人。記得多年前有人問我:「當個案與社工的利益發生衝突的時候,你優先犧牲誰的利益?」我當初與現在的回答都是:「當個案與社工的利益發生衝突的時候,我優先犧牲的是社工的利益,同樣的,當社工與督導的利益發生衝突的時候,我優先犧牲的是督導的利益。」

您認為我做得對嗎?

優勢觀點
（Strengths Perspective）

在本案例中，賦權理論非常適合作為分析框架。透過積極行動來幫助社工員珮菱，並且讓她和社區中的四個孩子獲得更多的機會和資源。

首先，小朝等四名孩子面臨因無法自行解決交通問題而無法參加課輔班的困境。偏遠地區的孩子，經常缺乏穩定的交通工具，這種困難讓他們無法順利學習。因此，珮菱積極尋求解決方案。

在處理這個問題時，督導強調了賦權的核心。珮菱展現了超越職責的努力，督導並不是直接告訴她該怎麼做，而是確認她的動機和決心，這也符合賦權的過程。督導的角色是協助她認識到問題的嚴重性和解決的意義，並且讓她自主決

定是否參與。珮菱答應了，這不僅表現出她對孩子的責任感和熱情，也彰顯了賦權的力量。這個過程讓她感覺到自己有能力、有資源去改變現狀，進而提升了她的行動力和解決問題的信心。

督導選擇與珮菱共同承擔計程車費用，並且明確分配負擔比例，這樣的行動也是賦予權力的體現。讓她知道自己並不是孤軍奮戰，而是有支持和合作的夥伴。解決孩子的交通問題，不僅促使珮菱作為社工發揮自己的價值，也讓她的能力得到了認可。

最終，孩子們在珮菱的努力下穩定地參與了課輔班，而他們的參與成果也讓機構重新審視針對交通困難家庭的支持政策。這不僅影響了基金會的決策，還促使機構考慮為更多有類似需求的家庭提供交通支持，進一步改變了整個服務模式。機構開始認識到在現有政策中所忽視的需求，進而做出調整。

在討論到「優先犧牲誰的利益」這個問題時，督導明確表示當利益發生衝突時，他會選擇優先犧牲社工甚至自己的利益，以確保服務對象的需求得到滿足。這種選擇不僅激發了社工人員的行動力，也增強了他們對工作的認同感，進一步促進了社工人員之間的尊重與支持。

　　透過賦權理論，我們可以看到，在面對資源不足和制度缺陷時，督導和珮菱的行動不僅是為了解決眼前的交通問題，而是透過增強不同角色的力量來改變環境和制度。努力讓四個孩子順利參加課輔班的過程，最終促使基金會重新評估政策，成為從個人行動到機構變革的成功範例，也在更廣泛的社會環境中引發了更大的改變。

07 — 告辭

你會讓喝了酒的爸爸
從課輔班帶孩子回家嗎？

寫於 2021.07

一位喝了酒的爸爸要帶小孩回家

2008年的暑假，長達6週，每週5個整天的課業輔導，除了50幾個孩子要照顧，還有8個大學生志工也要看顧（有些大學生的生活技能真的有待加強），而每個學校都只有一位社工員負責所有的課輔班業務，而在尖石鄉與五峰鄉共有10幾個學校同時展開為期6週的課業輔導。

就在暑假課輔剛開始沒幾天，阿美一如往常地張羅著桃山國小課輔班 50 幾個孩子的課輔事宜，早上 11 點左右在新竹五峰鄉「三毛故居」旁的小學操場旁，來了一位喝了酒的爸爸要帶小孩回家，而阿美是剛剛從埔里中心轉調到尖峰中心的社工員，阿美是台東的阿美族（AMIS），所以同事們都習慣叫他 AMIS 或者阿美。

爭執之後更容易發生意外

往常碰到類似的狀況，我都會請工作人員優先保護自己的安全，因為多數的社工員都是女性，基金會有義務必須保護員工的安全，因此若碰到喝了酒的或是其他有危險性的狀況時都要優先保護好自身的安全，因此碰到喝了酒的家長要帶小孩回去，通常都會先讓家長帶回去再跟著家長回去了解狀況，而不會在現場與家長爭執，因為爭執之後更容易發生意外。

家裡來了調查局的人員，要帶小孩回去問話

但是阿美的處理方式顯然跟我預期的不同，當家長要帶走小孩時，阿美問家長甚麼事情要帶走小孩，而這位喝了酒的爸爸說因為家裡來了調查局的人員，要帶小孩回去問話，阿美經過一番確認之後發現應該是家長喝醉了，於是就不讓家長帶孩子回去，當然阿美敢這樣做也是有一些倚仗的，因為阿美是運動員出身，身高有 167 公分，雖然是女生，但是體能狀況非常好，絲毫不輸男生，加上阿美也是原住民（我覺得這是最大的優勢），雖然跟這位爸爸不是同一族，但是因為都是原住民，所以是同一國的，有更多的共通性，跟漢人是完全不同的概念。

到底小孩是你的，還是我的

阿美會以「局內人」的角色與角度來跟家長溝通，因為阿美小時候也在原住民部落長大，因此有許多的共通點與共同的經歷，而她本身就是

一個活生生的典範,因此當這位超過 170 公分喝醉的爸爸,因為阿美遲遲不答應讓他帶走小孩而惱羞成怒地說:「到底小孩是你的,還是我的?」的時候,阿美依然很理直氣壯,毫不畏懼的說:「現在是課輔時間,小孩當然是我的!」而這位爸爸像是受到驚嚇的楞了至少 5 秒鐘,忽然不知該如何反駁,最後做了一個不可思議的動作與說了一句經典的話語,讓遠在 100 公尺外準備看看阿美如何應付這位家長的小學校長都目瞪口呆,不可置信!

阿美族你厲害!我甘拜下風!

愣了超過 5 秒之後,這位爸爸像是酒醒了一樣,舉出右手的打拇指,對著阿美說:「讚!阿美族你厲害!我甘拜下風!」同時做出一個古裝劇才會有的告辭的動作,低著頭說:「告辭!後會有期!」

這是讓我印象深刻的一個事件,這個事件讓

我很確定把阿美從埔里調到五峰鄉是個正確的決定，同時不能小看族群間的隔閡，很多的服務局內人總是比局外人有著更多的優勢，這恐怕是我們這些漢人永遠達不到的效果與境界。

所以，**你會讓喝了酒的爸爸從課輔班帶孩子回家嗎**？

危機調適理論
（Crisis Intervention Theory）

　　在這篇文章中，危機調適理論是分析阿美社工員如何處理喝醉的父親試圖帶走孩子這一突發情況的最佳理論。危機調適理論強調在個體面臨危機時提供及時和短期的干預，以防止危機進一步惡化並幫助個體恢復穩定。在這個案例中，阿美社工員的行為非常符合危機調適的基本原則。

　　首先，當喝醉的父親來到課輔班要求帶走孩子時，這顯然是一個緊急情況，具有潛在的風險。如果不適當處理，可能對孩子的安全造成威脅。阿美沒有選擇傳統的「讓家長帶走孩子然後追蹤」的方式，而是直接阻止了父親的行為，這是一種主動的危機介入。她在確認父親處於醉酒

狀態且聲稱有「調查局的人」來詢問孩子後,果斷地決定保護孩子不讓父親帶走,這樣的行為符合危機調適理論中「即時干預」的核心原則,以防止危機進一步發展。

其次,阿美選擇與父親進行直接的溝通,且語言中帶有堅定和權威感,這是有效的危機管理策略。她用「現在是課輔時間,小孩當然是我的!」這樣的語句,明確劃定了自己作為社工的職責和權限,這不僅讓喝醉的父親無法爭辯,也迅速穩定了現場的情緒。這種強而有力的言語和態度對於化解危機是至關重要的,尤其是在面對可能具有侵略性和不穩定的個體時。

另外,阿美的行動也顯示了她對社區文化的深刻理解和利用。她自己也是原住民,這讓她能夠在族群之間建立共鳴,成為「局內人」的角色,這種文化背景使得她在面對這樣的家庭危機時,更容易贏得對方的尊重並化解緊張局面。這

反映了危機調適理論中強調的「背景理解」,即在干預過程中理解個體的文化和社會背景,並據此採取最合適的策略。

總結來說,阿美在這個案例中運用了危機調適理論的基本原則:即時評估、果斷介入、有效溝通和文化背景的靈活運用,最終成功避免了潛在的危機升級,保障了孩子的安全,也讓父親以和平的方式離開現場。這個案例顯示了社工在處理家庭危機中如何通過即時干預來穩定局勢,並且如何利用自身的文化背景優勢來促進危機的解決。

08
稀釋

面對痛苦的經驗，如何才能稀釋呢？
寫於 2023.07.22

小花（化名）分享了不爲人知的過往

2023.07.21 我在雲林教養院辦了第四本書《跡履－每個人都有一條堅持要走的路》第一場的新書分享會。這是一場沒有對外公開的分享會，因爲分享會的對象是雲林教養院的院生，因爲是保護性個案，所以也不能透露過多的資訊。

分享會之前，20 幾位院生都各自選定部分的文章先行閱讀，並且準備了問題提問，甚至最後還安排了三位自願的院生分享。其中一位院

生－小花（化名）分享了不為人知的過往，分享時小花非常緊張，小花說她從來沒有在分享自己的事情時這麼緊張過，全身都在發抖，因為她分享的是媽媽有憂鬱症，而書中有一篇文章剛好也提到憂鬱症，因此觸動了小花藏在心裡多年的秘密，而看完我新書的文章之後，小花決定坦誠地告訴大家自己的媽媽就是憂鬱症患者，小時候媽媽的憂鬱症就時常發作，因為是單親家庭，家庭經濟狀況原本就不好，經濟壓力原本就經常壓著媽媽喘不過氣來，憂鬱症發作時根本無法工作，經濟壓力就更是雪上加霜。

小花勇敢地說出來了

因此小花的童年承受著巨大的壓力，也沒有好好被照顧與關心，也因為窮怕了，因此叛逆期一到就很想賺錢與獨立，想逃離原生家庭，因此就誤入歧途，做了很不好的事情，而原本媽媽控制住的憂鬱症又再度爆發，讓小花在分享時很自

責也很擔心，因為自己做了很不好的事情，不僅害了自己也傷害了媽媽。而這件痛苦又無法告訴別人的事情讓小花這段時間備受煎熬，最終藉著新書當中的〈小安〉這篇文章，當天小花勇敢地說出來了，雖然小花哭得很傷心，但是當我回應完她的分享之後，我感覺小花的心情輕鬆不少，似乎放下了多年的心中大石。

有沒有機會再次賦予這些痛苦經驗不同的意義呢

我跟小花說雖然媽媽有憂鬱症這件事情讓她的童年成長過程很難過與痛苦，但是這些難過與痛苦已經發生了，雖然發生過程中的痛苦經驗已經無法改變，但是我們有沒有機會再次賦予這些痛苦經驗不同的意義呢？當然要賦予不同的意義就代表無法選擇遺忘與逃避，而是必須選擇重整與面對。就像結痂但化膿的傷口，如果想要痊癒並且不留下疤痕就必須將結痂揭開並清創，過程是需要再痛苦一次才行，而這並不是每個人都有

勇氣做的事情。

加了這些不一樣的經驗之後

我期許她從現在開始就多花一點時間去研究憂鬱症的各項類型與狀況，同時去比對媽媽憂鬱症發作時的狀況是屬於哪一種類型，並且去學習如何應對與照顧憂鬱症患者的方法與專業知識，如此不但有機會可以照顧憂鬱症的媽媽，同時將來遇到有此困擾的患者或家屬也有機會協助他人，或許將來會有不少人因為這樣而減輕痛苦，如此一來憂鬱症這件事情對小花來說就不是只有痛苦與難過的經驗了，因為在原本痛苦與難過的經驗當中會再加入能夠照顧媽媽與協助她人的不同經驗，因為加了這些不一樣的經驗之後，痛苦的經驗是不是就可以稀釋了呢？

用自己痛苦的經驗去幫助有類似經驗的人

最後我告訴這些孩子，如果我們「用自己痛

苦的經驗去幫助有類似經驗的人」，那麼我們就會讓「悲傷不再那麼悲傷，痛苦不再那麼痛苦，難過不再那麼難過，羞愧不再那麼羞愧，遺憾不再那麼遺憾」了。

日後小花再想起這些經驗是不是就不會只有痛苦了呢？

復原力理論
（Resilience Theory）

　　復原力理論強調個體在面對逆境時的適應能力和彈性。該理論認為，個體不僅能夠抵抗困難，還能從中學習和成長，並最終實現自我改善和轉變。在文章《稀釋》中，小花的經歷正好反映了復原力的核心概念。

　　首先，小花在分享會上表達了自己童年時期的痛苦和困難，她的媽媽因憂鬱症而無法提供穩定的支持，使小花在經濟和情感上都經歷了巨大的壓力。儘管她的家庭環境充滿挑戰，小花卻選擇了勇敢面對自己的過去，並在分享中剖析了自己內心的掙扎。這一過程顯示了她的初步復原力，因為她能夠從痛苦的經驗中找出原因，並對自己的情感進行表達。

其次，文章中小花在分享後感到心情有所舒緩，這是一種典型的復原力表現。復原力理論強調，在面對創傷時，情感的表達和社會支持至關重要。小花在分享她的故事後，不僅釋放了自己的情感，還獲得了社會支持——來自社工和其他院生的理解和關心。這種社會支持系統使她更能應對困難，促進了她的心理健康和幸福感。

　　再者，建議小花學習憂鬱症的知識，並希望能夠照顧自己的媽媽，這展現了她從痛苦中轉化為行動的能力。復原力理論認為，個體在遭受創傷後，若能找到意義並積極行動，則能促進其心理健康的恢復。小花通過學習與成長，不僅能幫助媽媽，也能幫助自己及有類似經歷的人，這種積極的行為進一步強化了她的復原力。

　　最後，文章結尾時小花被鼓勵運用自身經歷來幫助他人，這是一種社會賦權的表現，也是復原力的重要組成部分。她的痛苦經歷在這個過程

中不再是唯一的負擔，而是成為了她的力量來源，使她能夠站在一個新的角度來理解和幫助他人。這樣的轉變不僅強化了她的復原力，也對周圍人產生了積極的影響。

　　總結來說，《稀釋》一文通過小花的故事，生動地詮釋了復原力理論。小花在逆境中展現出的勇氣、適應能力及社會支持的作用，表明了即使在最艱難的環境中，個體依然可以找到力量，克服困難，並最終實現自我修復與成長。復原力不僅是個體的內在資源，也是外部環境支持的結果，這對於社會工作實踐具有重要的啟示意義。

09
幸福

幸福是甚麼呢？

2023.09.11

每一天都是一個下定決心的日子

2023.08.25 是添翼計畫的學生實習發表會，這是添翼計畫開始將近 10 年第一次正式的實習發表會，添翼計畫的出現讓雲林養院的女孩們有了不一樣的人生選擇，這個選擇不僅不受之前不幸的遭遇所影響，同時還有機會將不幸轉化與昇華為幫助別人的養分與經驗。

一開始六位參加添翼的學員上台輪流發表，這六位學員一整個暑假都在雲林教養院擔任課輔

老師，從參加課輔的學生搖身一變成為課輔老師，這個過程中充滿挑戰與艱辛，面對他人與自我的懷疑如何堅持下去是一大考驗，碰到困難與挫折要不要跟以前一樣選擇逃避與放棄更是每天都在上演的戲碼，每一天都是一個下定決心的日子。

不再孤單，不再是一個人

聽著這些孩子分享實習過程的酸甜苦辣之後，我覺得這些孩子真的不容易，面對巨大的挫折與困難，她們學會了不再放棄。同儕之間互相支持與鼓勵，一起面對困難的團隊精神，相信自己不再是一個人孤軍奮戰，一路上會有同伴與老師們支持與協助。我相信她們正走在自己希望成為的樣子這條路上，而這條路上雖然有挑戰與挫折，但同樣會有同伴與老師們的陪伴與支持，一起努力向前，不再孤單，不再是一個人。

印象最深刻的是社工員淑琴問的一個問題－幸福是甚麼

　　接著是工作人員對孩子實習的回饋，其中讓我印象最深刻的是社工員淑琴問的一個問題－幸福是甚麼？面對這個突如其來的問題，做為第一個回答的我因為一時想不出好的答案，所以只好誠實且尷尬地回答一時想不到合適的答案。直到輪到我上台致詞時，我才終於整理出我覺得合適的答案，同時還要跟大家說一時想不到合適的答案，無法快速回答老師問題的毛病其實並不是缺點，也不是智商太低，而是因為我跟愛因斯坦依樣有這個無法快速回答的特質，但是經過一段時間思考之後，我們的答案常常都是更完整更周全的，因為我想沒有人會認為愛因斯坦的智商是很低的，除了他的國小老師因為他總是無法很快地回答老師問題，而認為愛因斯坦就是一個笨蛋，即便記者訪問這位國小老師時愛因斯坦已經很有名氣了。

協助弱勢的孩子們成為他們想要的樣子

我認為的幸福並不是讓自己成為自己喜歡的樣子,雖然這是現場很多人的答案,很多人也都在第一時間就可以說出這樣的答案,但是對我來說,這個答案我有點遲疑,而且我覺得當時並不能準確的表達我內心真正的想法。於是我在一陣思考與整理之後,我整理出了我的答案,這個答案跟別人不太一樣,但我想應該是比較能夠符合我內心真正的想法,我認為的幸福是-協助弱勢的孩子們成為他們想要的樣子,而看到這些孩子成為他們自己想要的樣子就是我的幸福,這才是我認為的幸福。

正面與積極的意義必須透過協助他人時才有辦法賦予

添翼計畫就是這樣的一個計劃,在協助孩子成為他們想要的樣子這個過程中,不是要孩子隱瞞與遺忘過去不幸的遭遇與經驗,因為隱瞞與遺

忘並不能真正協助這些孩子接受自己，反而會阻礙孩子接受自己。因此透過協助與自己有類似不幸經驗的人，不僅在協助他人，同時也在療癒自己。協助別人走出陰暗角落的同時也幫助自己的童年走出陰暗，賦予不幸經驗不同的意義。讓不幸經驗可以不只有不幸，同時還有正面積極的意義存在，而這些正面與積極的意義就必須透過協助他人時才有辦法賦予。

所以，您認為的幸福是甚麼呢？

優勢觀點
(Strengths Perspective)

在這篇文章中，優勢觀點是一個非常適合用來分析的理論，因為它強調的是透過發掘和發揮個體的資源、能力和潛力，來幫助他們找到自我價值並實現自己的目標。在添翼計劃的實習發表會中，我們看到了一群年輕女孩在克服自身困難後，以新的角色身份出現在人前，這完全體現了優勢觀點的精髓。

首先，添翼計劃的設立，本身就是為了發掘這些孩子們的潛能。這些女孩過去的生活經歷中充滿了困難和不幸，但計劃讓她們有機會從受助者轉變為助人者，從學生變為老師。這樣的角色轉變是對她們過去經驗的一種再定義。優勢觀點強調，不論一個人經歷了什麼，這些經驗都可以

轉化為幫助自己和他人的資源，而這些女孩正是在這樣的框架下，重新認識和利用了自己的經歷，並在此基礎上成長。

其次，社工員淑琴在實習發表會中提出的「幸福是什麼？」這個問題，也是對優勢觀點的一個良好體現。這些女孩過去可能並未有太多機會去思考什麼是「幸福」，因為她們的大部分精力都用於面對生活中的挑戰和痛苦。然而，通過添翼計劃和這次實習，她們開始有了新的視角和體驗，能夠重新定義「幸福」的含義。對她們來說，幸福不再只是脫離困境或擁有安穩的生活，而是能夠幫助別人、成為自己希望成為的樣子。這樣的自我實現和對社會的貢獻，正是優勢觀點所倡導的「將痛苦轉化成奮鬥的力量」的具體體現。

最後，作者在發表會上對「幸福」的回答，也進一步加強了優勢觀點的應用。他所認為的幸

福，是協助弱勢的孩子成為他們想要的樣子，這不僅是一種服務對象的成功，也是社工自身價值的體現。這樣的回應不僅鼓勵了女孩們，也示範了如何將個人的優勢最大化，並且運用這些優勢來幫助更多的人。這樣的觀點不僅是對她們的激勵，也是對所有從事助人工作的人的一種啟發——幸福可以來自幫助他人成長和發揮潛能的過程。

總結來說，《幸福》這篇文章中充分展示了優勢觀點的應用，透過賦予女孩們不同的社會角色，讓她們重新認識自己，從而實現自我價值並體驗到幸福的意義。這一過程中，她們不僅改變了自己，也開始影響和改變周圍的人，這正是優勢觀點在社會工作中追求的最終目標。

10
鄔嫚

希望可以學到
改變部落狀況的能力與機會

寫於 2023.10.07

這個想法就一直放在我的心裡面十幾年

　　鄔嫚是我第一年（2007）到新竹縣尖石五峰原住民部落擔任督導時的社工員，不過當年第一批尖石五峰的社工員幾乎都是擁有教師證的老師，而鄔嫚就是這批老師社工員中相當優秀的，也是我擔任督導期間第一位想培養的原住民社工員。只是還沒等到我跟鄔嫚說明想培養她當督導的想法之前，她在 2008 年就決定離職回鄉報考

原住民特考了,雖然早在她提離職之前我就已經偷偷在訓練她擔任督導的能力與熟悉督導的業務與思考方式,但是因為離職的關係我就沒有將這件事情說出來,因為既然她已經決定離職,我也不好用一個我不能自己決定與不確定的職位來留下她,因此這個想法就一直放在我的心裡面十幾年。

其中一次還在半路上遇到甲仙大地震

鄔嫚離職不久之後就傳回好消息－順利考上原住民特考,分派到屏東牡丹鄉社會課,幾年後就調回家鄉屏東來義鄉榮升課長長迄今。2010年當博幼基金會希望在台灣南部開拓中心時,我第一個想到的就是鄔嫚,於是我與後來屏東中心第一任督導楚原(全楚原,南投信義鄉布農族原住民,也是鄔嫚花蓮師院的同學)就開著車凌晨四點從桃園(當時我住在桃園龍潭)與新竹(楚原住在新竹尖石的員工宿舍)出發到來義與潮州

找鄔嫚勘查與評估開拓中心的前置作業，其中一次還在半路上遇到甲仙大地震，當時是楚原開車，我在副駕駛座睡覺，但很明顯的感受到車子劇烈的搖晃而驚醒，我以為是楚原開車打瞌睡，雖然他一直否認，但根據他說話的可信度我根本不相信，楚原當時也不知道怎麼回事，後來到了屏東才知道原來是發生大地震，原來是我錯怪楚原了，哈哈哈哈哈！

身為一個社工督導您會如何回應呢？

在幾次的實地訪查與評估過程中，有一次在來義鄉的部落菜市場上遇到一位年輕的媽媽，這位年輕的媽媽帶著一個 3～4 歲的小孩熱情的跟鄔嫚打招呼，鄔嫚也語帶關心的詢問這位年輕媽媽的近況，一開始我以為是鄔嫚的親戚或同學，但當這位媽媽離開之後，鄔嫚才跟我說這位年輕的媽媽是鄔嫚在擔任國小代理老師時的學生，原來這位年輕的媽媽根本不到 20 歲，但是小孩都

已經 3～4 歲了。鄔嫚很難過的跟我說部落很多這樣的狀況，她很難過，但是當國小老師很難改變，這也是後來她放棄一直留在學校當老師的原因之一，也是當初到博幼基金會服務的原住民部落擔任社工員的主因，她希望可以學到改變部落狀況的能力與機會。**面對曾經帶過的社工員如此挫折與難過，身為一個社工督導您會如何回應呢？（請花至少一分鐘想一想如果您是我該如何回應呢？）**

人生就在不到 20 歲的時候幾乎就定型了

這種情況我聽過不少，但是親眼所見還是衝擊很大，一個年輕的媽媽國中畢業或者根本沒畢業就生小孩了，然後就只能留在部落做著低階的工作，甚至常常因為要帶小孩只能打打零工度日，人生就在不到 20 歲的時候幾乎就定型了，彷彿這是在 1950 年代以前的人才有的人生，但是 21 世紀這樣的狀況依舊在發生。看著這位優

秀的社工員與社會課長我想著無論如何也該鼓勵鼓勵她。安慰人的話我不在行，但我或許可以提供不同的想法與做法讓鄔嫚看到希望進而願意再嘗試與努力，或許也可以達到鼓勵的效果也說不定。

學校老師服務孩子的時間終究太短

於是我告訴鄔嫚其實看到自己教過的學生變成小媽媽會難過與感到可惜是正常的，雖然國小時你都有一再提醒她們不要早婚，要想辦法努力讀書才能獲得更好的能力，人生的選擇才會足夠，但是一個學校老師服務孩子的時間終究太短，影響就會非常受限，除非孩子一路都遇到好老師，否則就很難抵擋惡劣的家庭功能與社會環境，所以這不是你一個人的責任，也不是任何單一一個老師的責任，因此不必感到自責！反而我在你跟這位年輕的媽媽身上看到了契機，你知道是甚麼契機嗎？

這不是必然的結果嗎？

鄔嫚還停留在難過的情緒之中還沒脫離，所以一時無法理性的思考我的話，於是我就直接告訴他說：「你只是看到自己教的學生變成小媽媽讓你很挫折，覺得自己沒有辦法把學生教好，但是我看到的是因為當時你只是一個國小代理老師，你只教了這個孩子一年，孩子的父母也跟你沒有特別的關係，你很難要求父母，所以根本不會配合你學習如何教養與教育小孩，在這種情況之下結果當然就是如此，這不是必然的結果嗎？」

博幼基金會是允許課輔老師帶小孩上班的

我停頓了一下讓鄔嫚開始回復理性思考，接著我繼續說：「現在我看到這個 3～4 歲的小孩我卻看到了希望，這個希望就是這個小孩還有 2～3 年才會進小學，媽媽很年輕而且沒有穩定工作，所以課業輔導在來義鄉拓點之後，現成的

就找到了一個課輔老師，同時博幼基金會是允許課輔老師帶小孩上班的，所以小孩可以在上小學之前跟著媽媽一起上課，3歲開始學念英文字母，學唱字母歌，學數數，聽繪本，這種雙語幼兒園的服務不是大都市才有的嗎？不僅不用付錢，媽媽還有錢賺，還可以學習如何教小孩閱讀、英文與數學，這樣的話這個小孩上小學時是不是已經領先同學2年了，程度是不是會比同學好很多呢？這樣你有甚麼好難過的呢！你應該為這個小孩感到高興才對吧！」鄔嫂一聽，好像有道理，果然露出了令人嫉妒的超白牙齒與招牌的笑容。

彌補當年教育沒有讓這位媽媽學好基本能力的售後服務

接著我又說：「這位年輕的媽媽是你以前的學生，現在還叫你一聲老師，所以她肯定會是一個比較合作的家長，所以她的小孩成功的機率會

遠比她自己高太多了，加上年輕的媽媽來擔任課輔老師也可以加強自己的基本能力，或許還有機會可以再去取得更高的學歷，學歷與能力都增加之後，工作能力與人生選擇就會更多，家庭的經濟狀況也會獲得改善，就有機會脫離貧窮，不需要依靠社會福利，這樣的結果才是你想看到的不是嗎？這也可以算是彌補當年教育沒有讓這位媽媽學好基本能力的售後服務，這樣不是很有希望嗎？所以難過甚麼呢？」

　　當督導的責任就是在社工員難過遇到挫折時帶領社工員在失望與黑暗當中走出困境，看到希望與光，不是嗎？您認為我的回應如何呢？

賦權理論
(Empowerment Theory)

在這篇文章中，賦權理論非常適合用來分析鄔嫚作為原住民社工員的經歷，特別是她對部落的期望和努力。賦權理論強調的是增強個人和社區的力量，使他們能夠掌控自己的生活，並且為改變社會現狀而努力。鄔嫚的故事正是一個賦權的典型案例，她不僅嘗試賦權自己，也致力於賦權整個社區。

首先，鄔嫚最初選擇從原住民部落的學校代理老師轉變為社工員，反映了她內心深處對改變部落現狀的渴望。作為一名老師，她發現自己難以真正影響學生的生活，尤其是當學生面臨複雜的社會問題，如過早成為年輕的父母時，學校的角色和權限非常有限。然而，當她成為社工員

後，鄔嫚找到了更直接且具有改變力量的途徑，這是一種自我賦權的過程。她希望能不僅僅是教育孩子，而是能影響整個家庭和社區，這體現了她對改變力量的需求和對部落的責任感。

其次，賦權理論還強調社會工作者在促進社區改變中的角色，特別是通過協助社區成員建立信心和能力，使他們能夠自己解決問題。在文章中，當鄔嫚面對她曾教過的學生過早成為母親而感到挫折時，社工督導透過引導她看待現有的機會來進行賦權。他指出，她過去作為老師的局限性，但現在作為社工，她能夠從根本上影響孩子和家長的教育方式。這樣的引導和鼓勵不僅給了鄔嫚新的視角，也賦予了她繼續努力改變部落現狀的動力，這是一個典型的賦權過程。

最後，賦權理論中的核心是建立個體的控制感和能力，讓他們能夠在社會中發揮積極的作用。督導給鄔嫚展示了一個具體的賦權策略，即

讓這位年輕的母親成為課輔老師，並且允許她帶著孩子來上班。這種安排不僅幫助了這位年輕的母親賦權，讓她能同時擔任母親和教育者的角色，也讓她的孩子能從小開始接受教育，這不僅影響了這個母親的生活，還可能改變她孩子的未來。這樣的策略是對整個家庭的賦權，使得他們能夠通過教育獲得更好的機會和未來。

總結來說，鄔嫚的故事展示了賦權理論在社工實踐中的多重應用，從鄔嫚個人的職業轉變，到她如何透過基金會影響部落居民，最終達到增強整個社區力量的目標。賦權理論幫助我們理解了她如何從教育者轉變為社工員，並通過這個轉變，對部落產生了更加深遠和持久的影響。

11
便當

當福利依賴發生時，
該檢討的是誰呢？

2023.11.09

第一位有特權的小孩

2006 年的 9 月是大魔王小山開始課輔的時間，小山因為太出名了，所以每天下午三點半就會被珮菱社工員接到基金會的辦公室先寫作業。因為他的狀況特殊，珮菱第一次去接的時候他就在掃地時間落跑，所以老師特別開恩讓小山不用掃地，三點半就可以直接讓珮菱帶走，因此小山是第一位有特權的小孩。

免費的東西其實是最難吃的

小山每天從下午三點半來一直到晚上九點課輔結束之前他都要待在課輔班，所以小山就需要吃晚餐，但是基金會並沒有提供晚餐給課輔的小孩，一直到現在都沒有，因此小山也沒有免費的晚餐。我們的想法是不喜歡讓孩子免費吃晚餐，因為免費的東西其實是最難吃的，而且免費的東西很容易浪費，任何東西都一樣，八寶粥也是一樣，那怎麼辦呢？但小山身上並沒有錢訂便當，小山的媽媽一開始根本找不到人，媽媽自己都照顧不好自己了，根本不可能拿錢來買便當，可是孩子每天晚上都要吃飯。

妳是他的媽媽，這責任妳要付

於是我就請珮菱用記帳的方式來解決這個問題，也就是幫小山買便當，因為他來了沒有東西吃也不行，但是這個便當是要登記的，當時一個便當大約五十到六十元，我還請珮菱製作一個登

記表登記。同時我請珮菱想辦法連絡上媽媽,跟媽媽說小山的便當費用媽媽要付錢,可是媽媽說她身上沒有錢,要等到她領薪水,因為她是打零工,要有工作才會有薪水。我說沒關係,我可以讓妳欠,但是這個錢就是你要付,因為妳是他的媽媽,這責任妳要付,等妳有錢再來清就好,我不會算妳利息的。

久了之後他當然就不想努力了

我的作法就是不要讓孩子免費吃便當,因為一旦便當是免費的,吃著吃著他就會養成福利依賴的狀況,而這樣的狀況常常都是資源的提供者(助人者)沒有用對方法,才會造成弱勢者養成福利依賴的習慣,因為弱勢者幾乎都是被動的接受資源提供者的資源與協助,因此我認為很多的弱勢者會養成福利依賴的狀況其實很多時候不能去怪弱勢者,而應該檢討協助的方式,你用錯誤的方法他就會福利依賴,你都給他免費的東西

吃,久了之後他當然就不想努力了。

他的媽媽會來付錢

面對一個吸毒的媽媽,打零工,沒有固定工作,本來根本就不管小孩的媽媽,我還是告訴她妳要負這個責任,因為那是妳的小孩,妳欠多久我都讓妳欠沒有關係。同時我讓小山知道一件事情就是「他的便當不是人家送的,不是人家給的」,是他花錢訂的,他的媽媽會來付錢,只是什麼時候來付那就是另外一回事了。但是那個便當是人家送給你的,還是你自己花錢買的那是不一樣的。面對別人的詢問,小山可以很大聲且理直氣壯的告訴其他小朋友,她的雞腿便當是自己訂的,媽媽出的錢,不是別人送的。

光榮且值得驕傲的事情

不要小看這件事情,大聲且理直氣壯的告訴其他小朋友便當是媽媽付錢的這件事,對小山來

說是一件光榮且值得驕傲的事情，因為這代表他不是接受別人的施捨，也代表他的媽媽有盡到做媽媽的責任，這對於經濟弱勢與缺少母愛的小山來說其重要性並非一般人可以理解的，但是因為我可以理解，所以我堅持便當一定要媽媽付錢，就是希望能保有小山最後一點尊嚴，也希望透過這件小事來協助媽媽有機會成功扮演好母親這個角色。

他不能跟你說：「老子不吃了！」

很多人都忽略了這件事情，以為免費的便當對於弱勢者來講一定是很好。錯！它其實是很不好的，最不好的地方是什麼呢？最不好的地方是弱勢者不想接受這樣子免費的東西，可是他又不能拒絕。為什麼？因為他沒有錢，他自己沒有能力去買，他必須要接受別人的施捨而且又不能拒絕，他不能跟你說：「老子不吃了！」為什麼？因為不吃就沒有了，他沒有能力自己付錢，然後

又不能拒絕,所以這是很多的助人者與社會大眾沒有辦法理解的事情。

口袋沒有錢我都不想幹這件事

他們看到了狀況只會說:「免費的東西都亂丟,都浪費了!」這樣子,可是事實上從另外一個角度上來說,每個人都是有尊嚴的,如果你自己口袋裡有五千塊,你會要人家送你五十塊的便當嗎?而且那便當內容物你還不能選喔!你不想吃,但你還是要把它吃完,不然人家會說你浪費,而且你還要感謝別人,你口袋裡面如果有錢你會幹這種事嗎?我絕對不信!我口袋沒有錢我都不想幹這件事。預防福利依賴的重點在於協助弱勢者的時候怎麼樣正確的協助他們,怎麼樣讓弱勢者可以不要養成福利依賴,讓他們在能力的範圍內有付出,比如說六十塊的便當,如果這個孩子家庭經濟情況真的很糟,那你付少一點,我讓你付五塊、十塊、二十塊、三十塊都可以,因

為只要有付錢，不管多少都可以說孩子或家長有付錢。

讓其他社福機構跌破眼鏡

話說回來，其實那時候我也沒有把握媽媽一定會來付錢，但是經過大家的努力，媽媽得到充裕的時間與鼓勵，沒多久媽媽就定期來清便當錢了！我也沒料到這個其他 5 個社福機構的社工員都一致公認最不配合與最難搞的媽媽，居然在 3 個月不到的時間就做到了稱職媽媽的第一步，真是不容易啊！這件事情讓其他社福機構跌破眼鏡，不敢置信，聽到他們不敢置信我還滿得意的，哈哈哈哈哈！

今生的恩怨最好今生了結

當時我其實有備案的，我的備案就是如果媽媽都不來付錢，我們不能就這樣算了對不對？你們知道我打算怎麼做嗎？我打算跟孩子講：「這

是你吃的，你還是要付錢的，不過沒關係！我可以等你長大後賺錢再還，基金會提供無息貸款，無息借給你，五年、十年還都可以，但是你一定得還！」因為我覺得這輩子欠人家的東西一定要這輩子還，不然下輩子會翻倍，今生的恩怨最好今生了結，媽媽如果沒有付錢，等小山長大賺錢之後自己還，反正台灣這麼小我們還是很容易碰得到的。

當福利依賴發生時，該檢討的是誰呢

　　因為我覺得這樣子對於他會比較好，我們不是在意那個錢，而是在於我們在訓練孩子成為一個有責任的人，而且我也讓小山知道我相信他一定有能力可以付錢。這樣的助人方式才不會造成弱勢者的福利依賴，不是嗎？

　　所以，**當福利依賴發生時，該檢討的是誰呢？**

行為修正理論
(Behavior Modification Theory)

在這篇文章中,行為修正理論適合用來分析小山及其母親在便當費問題上的行為變化。行為修正理論通過操作性條件作用,來改變個體的行為。督導在這個案例中利用了正增強和責任制來改變小山和母親的行為,防止他們陷入福利依賴的陷阱。

首先,行為修正理論強調行為的結果會影響其未來的發生頻率。為了避免孩子和家庭依賴社會福利,督導選擇不免費提供便當,而是讓小山的母親支付便當費,即便她目前無法及時支付,也允許她先欠下這筆費用,並強調這是她作為母親應該承擔的責任。這是一種典型的操作性條件作用中的「負責任的強化」,目的是強化母親的

責任感，讓她明白即使經濟困難，她仍然需要承擔基本的育兒義務。

其次，對小山而言，行為修正理論也得到了有效的應用。當小山知道他的便當不是免費的，而是由母親支付的時候，這個事實讓他感受到一種自豪和價值感。他可以告訴其他孩子他的便當是由母親支付的，這種強化能有效地增強小山的自尊心和責任感，並避免他對免費資源產生依賴感。這樣的方式避免了「負增強」（不滿情緒地接受免費便當所帶來的羞愧感和無力感），反而是透過正向的認同感來鼓勵主動性。

另外，對母親而言，這種安排也是行為修正的一部分。雖然母親一開始可能無法立刻支付便當費，但隨著社工的持續鼓勵，她開始定期清算這筆費用，這是行為修正的明顯結果。通過逐步增加母親在孩子生活中的參與度，這位母親的行為從消極到積極，最終變得更加負責任，這是行

為修正理論中所追求的目標,即逐漸通過強化來改變個體的行為模式。

總結來說,督導的策略正是利用行為修正理論的核心概念,通過操作性條件運用,避免福利依賴,並且增強了家庭的責任感和參與度。這樣的策略不僅改變了小山和母親的行為模式,也為其他社會工作者提供了如何應對類似問題的有效方式。

12
擔心

服務過的個案哪個最讓你擔心呢？

2023.10.05

你可能認識的朋友

2023.07.27 這天距離《跡履－每個人都有一條堅持要走的路》第一場公開的新書分享會還有 2 天，突然在臉書上「你可能認識的朋友」出現很多年沒有聯繫上的「小權」，沒錯！就是那個永遠穿著大兩號的運動服，上課像毛毛蟲一樣不停的動來動去，常常口無遮攔的，學校老師看到他就想打他的「小權」。於是我趕快送出加朋友的邀請，果然隔沒多久就順利加為好友了，於是

我開始跟小權聊天,想知道他的近況如何?因為我已經超過9年沒有見過小權了!

督導!你怎麼認得出我?

上次見到小權的時候是在埔里愛蘭橋附近的加油站,當時小權剛剛在加油站工作不到半年,只有將近3個月左右,試用期還沒通過。那一天我突然心血來潮,到了那個我幾乎沒去過的加油站加油,結果我一靠近加油站遠遠地就發現一個加油員的臉很面熟,但是與我印象中小權的身形差異頗大,於是我仔細的再看一遍長相時我就十分確定那就是我多年不見的小權了。雖然身形不一樣,但放大與變胖的長相幾乎無礙於我的臉部辨識能力,果然我一叫小權的名字之後他也很開心地回應我一句:「督導!你怎麼認得出我?」

他的身形真的讓我嚇一跳!

趁著加油的時候短暫跟小權聊聊他的狀況,

但是得知小權的狀況並不是太好,因為當時我從他的身形就覺察出有異狀,他比國中時至少胖了20～30公斤以上,詢問之下才知道過去幾年小權自己與家裡的狀況都很不好,也因此罹患憂鬱症,體重也持續上升,完全變成另外一個人,如果不是我的臉部辨識很厲害恐怕也不一定可以認出他來,看到他的身形真的讓我嚇一跳!

笑笑地叫我不要擔心,他會努力加油的!

同時更讓我擔心的是當我詢問他在加油站工作是否能夠適應與勝任的狀況時,小權老實地回答我他不是很能勝任加油站的工作,因為自己憂鬱症的關係,常常精神狀態不是太好,所以站長對他的工作表現不甚滿意,他自己也很擔心過不了試用期,不過他還是笑笑地叫我不要擔心,他會努力加油的!小權就是這樣一個小孩,即便自己的狀況不好,最後還是會堅強地告訴旁人不要為他擔心!加完油我的心裡很擔心,我告訴他如

果有困難可以回來基金會找督導,有時間也可以回來找督導聊天,新的教室大樓他是知道的,他回答說:「好!如果有需要會回去找督導的!」但後來小權一直沒有回來基金會找我。

忘了留下小權手機的疏忽自責不已

隔幾天我再去那個加油站加油時就沒有看到小權了,於是我問了其他加油員得知小權已經離職了,當時我為自己忘了留下小權手機的疏忽自責不已!因為我後來就一直找不到小權了,這些年我經過那個加油站時都會想起小權的身影,也一直很擔心小權的狀況會不會更不好,直到新書分享會的前夕取得聯繫,壓在心中 9 年的大石終於落下了!

被公司派到日本半年去學習新技術

原來小權在離開加油站之後很快地就到埔里一家電子工廠上班,結果適應的狀況出奇的良

好,連帶憂鬱症的狀況也獲得改善,小權說還好他的基本能力還不錯,所以電子工廠的工作對他來說完全不是壓力,同時還因為表現不錯受到公司的提拔,所以經過 5 年之後他還升任了班長,2022 年下半年還被公司派到日本半年去學習新技術,最近的工作主要就是將學得的新技術交給其他員工,並且訓練一線員工。疫情這三年對於電子公司來說幾乎完全不受影響,每個月的工作與收入都非常穩定,這是讓我最感到欣慰的事情。

我從來沒有在小權的臉上看過

另外小權視賭如命的父親也在 2023 年上半年過世了,小權說處理完父親的喪事之後家裡持續十幾二十年的擔心受怕與負債累累的狀況也可以告一段落了,接下來家裡的狀況一定會越來越好,小權說這句話時我看到的是充滿信心與堅毅的表情,這是我從來沒有在小權的臉上看過的,

我無法想像持續十幾二十年的擔心與害怕對小權造成多大的壓力與傷害，但是我很榮幸在這樣艱苦與長期反敗為勝的抗戰當中能參與小權的人生，透過課業輔導讓小權一家可以在最低潮的時候仍然保有反敗為勝的本錢與能力。

才剛上完大夜班睡不到 4 小時

穩定對於弱勢家庭來說是最重要的，穩定的工作與穩定的收入在疫情期間對於弱勢家庭來說是一種奢侈，但還好小權做到了，而小權做到穩定工作與穩定收入的關鍵能力是小權擁有「基本能力」，小權說若是沒有參加課輔的話，他根本不可能具備基本能力，根本不可能當班長。所以接到我的電話當天下午小權就馬上到基金會來找我，即便他才剛上完大夜班睡不到 4 小時，看到小權現在穩定的狀況我就放心了！

服務過的個案哪個最讓你擔心呢？

系統理論
（Systems Theory）

在這篇文章中，系統理論最適合用來分析小權的生活經歷及社會工作者在這其中的角色。系統理論強調個體、家庭、群體和社區之間的相互影響，並指出任何一個系統中的改變都會對其他系統產生影響。小權的故事顯示了他在多個系統中的交互作用，以及這些系統如何共同影響他的生活狀況和心理健康。

首先，系統理論強調個體與家庭系統的相互影響。小權在家庭中經歷了許多困難，尤其是與父親的問題。父親的賭博行為對整個家庭的經濟和心理環境造成了重大影響，使小權感到長期的壓力和不安全感，這最終導致他患上了憂鬱症。小權的心理狀況和家庭系統之間的這種密切聯

繫，是典型的系統理論的案例，因為家庭中的一個成員的行為會影響到整個家庭的動態。

其次，社會工作者的角色也顯示了系統理論中不同層次系統的交互作用。當督導在加油站遇見小權時，他看到小權的身體狀況變化和工作上的不適應，並明確地向小權提供支持，邀請他在需要時回到基金會尋求幫助。這種邀請和支持代表了一種系統之間的連結，即社會工作者作為支持系統，試圖干預並改善小權的生活狀況。當小權因為健康問題而無法適應加油站的工作時，他最終選擇了適應度更高的電子工廠，這顯示了社會支持系統（基金會和社會工作者）的積極影響如何能幫助他找到適合的職業和生活方式。

最後，小權在工作上的穩定和升職反映了系統之間的積極互動。當他在電子工廠找到穩定工作並被派往日本接受進修時，不僅他的個人系統得到了改善，他的家庭系統也隨之發生了改變。

父親去世後，家庭經濟壓力減少，小權的穩定收入帶來了經濟上的穩定，這不僅改善了家庭系統的動態，也讓小權在心理上得到了釋放。這些系統之間的改變是相互連結的，一個系統的改變會直接影響其他系統，最終導致整體生活狀況的提升。

總結來說，系統理論幫助我們理解小權如何在家庭、工作、心理和社會支持系統之間的相互作用中，逐步走出困境並取得積極的改變。社會工作者的介入以及小權自身在這些系統中的行為選擇，共同促成了他最終的成功，這也展示了社會工作在幫助個體應對多重系統挑戰中的重要作用。

主題二

決策的長期影響與
社會工作實務的現實挑戰

社會工作者在日常工作中，經常面臨需要快速決策的情境，這些決策往往不僅影響當下，更會在長期內對服務對象產生深遠的影響。在偏遠地區工作的經驗讓我深刻體會到，社會工作者的每一個決策，無論大小，都可能改變一個人的生活軌跡。

空姐的故事展現了一個典型的例子。一位曾在國外生活、經歷過空姐生涯的華僑，決定投身偏遠地區的教育事業。這個決策在一開始似乎充滿了理想主義的色彩，但隨著她在惡劣環境中的堅持和適應，她的選擇最終不僅改變了自己的生活，也為當地的孩子帶來了希望。

另一個案例是阿里的翻身故事。作為部落中眾所周知的「馬路英雄」，阿里在生活的邊緣徘徊多年。當他決定接受社會工作者的幫助，成為課輔老師時，這個決策不僅讓他找到了人生的目標，也為社區中那些無依無靠的孩子們提供了寶貴的教育資源。

在這些案例中，我們也看到，社會工作者的決策

不僅關乎個人，也涉及更廣泛的社會結構和資源分配問題。例如，請求故事中，老師希望社工能破例接受兩位國三學生加入課輔班，這個決定不僅涉及對學生的責任感，也牽扯到對其他學生的公平性和資源的合理配置。

在現實挑戰中，社會工作者往往必須揹負起巨大的責任。無論是在教室裡揹著孩子上課的秋梅，還是面對絕大多數是孤兒的孩子們，決策者的每一個選擇都會影響無數人的命運。這些決策的長期影響，無論是正面的還是負面的，都要求社會工作者具備極高的專業素養和道德責任感。

最終，社會工作實務中的每一個決策，都是對工作者專業能力、價值觀和倫理標準的考驗。每一次的選擇都可能成為一個轉折點，影響到服務對象的未來，這也是社會工作者在日常實踐中面臨的最大挑戰與使命。

01
空姐

您知道我怎麼將她
留在尖石後山超過三年嗎？

寫於 2021.07

至少面試過 100 位應徵者了

2009 年一個天氣涼爽的秋天午後，我從尖石開車到博幼基金會竹東中心的辦公室，準備面試尖石後山的英文專職教師，這件事情在這一年來成為我的工作日常，因為我已經至少面試過 100 位應徵者了，今天我對於前來面試的應徵者依舊不會有超過預期的幻想與期待，尤其是沒有在偏遠地區工作過的應徵者，更是如此，因為經

驗告訴我越是學經歷越好，越有理想與抱負及負擔的人，常常越是眼高手低，高估了自己對抗惡劣生活與工作環境的適應力，低估了生活的不便與工作的困難對自我概念的殺傷力。

當過空姐的歸台華僑，高中就出國到美國念書

這一天來面試的人當中有一位是當過空姐的歸台華僑，高中就出國到美國念書，大學畢業之後當過空姐，剛剛回到台灣不久，因為有虔誠的宗教信仰，因此對於弱勢者－偏遠地區學童－有很大的負擔，希望可以在偏遠地區教原住民學童英文，貢獻自己的能力。但是因為以前自己就不適應台灣的學校體制，因此就不考慮到學校當老師，而博幼基金會的英文專職教師似乎是她可以一展長才的地方與工作，於是她很積極的表現，希望可以到偏遠地區服務。

五大特色（錢少、事多、離家遠、工作辛苦、督導很兇）

當初看到空姐的履歷時我也很心動，按照履歷看來完全可以勝任基金會的工作，甚至是遠遠超過，不過很快的我想起了之前也有好幾個這樣的應徵者，頓時我就冷靜了不少，因為學經歷很好是一回事，能不能留在山上生活與工作根本是另外一回事。於是我在面試時，我可以說是故意放大工作的難度與山上的不便，五大特色（錢少、事多、離家遠、工作辛苦、督導很兇）肯定是一定要說明的，同時還要提醒尖石後山是完全沒有便利商店的，最近的便利商店是在尖石前山的鄉公所附近，距離她工作的地點是山路 35 公里，不要小看這 35 公里，這 35 公里一般人開車要超過一個小時，新手至少要一個半小時，而且還是要在沒有起霧的狀況下才是這樣的交通時間。

車子翻車掉進河床，臉上還縫了 9 針

山上經常起大霧，而且道路都很窄，也沒有

護欄，開車技術太差是很危險與辛苦的（後來她在山上發生車禍，車子翻車掉進河床，臉上還縫了9針，果然印證我說的開車技術不能太差，否則很危險）；加上下大雨或颱風來臨時山上也很容易發生土石流與落石，若是雨勢太大路基掏空，交通還會中斷，而且中斷可能不是一天兩天而已，可能會超過一週（我在尖石工作的那段期間就發生好幾次），下大雨還會停水停電，這些都是在山上工作的日常。而且山上還會有很多野生動物，雖然很多野生動物都很可愛，但是碰到20公分全身都是刺的毛毛蟲，經常出現在教室走廊就不是每個人都可以忍受了，同時最可怕的是曾經有老師在上課時教室出現龜殼花，還有宿舍門口出現過百步蛇（雖然這是出現在五峰鄉），這些可怕的狀況我都毫不避諱的告訴這位空姐，希望她可以想清楚再做決定。

不過顯然她沒有被我說的這些狀況嚇到，依然覺得自己可以勝任與克服，最後我只好使出殺

手鐧,我直接表明我碰過太多能力很好的人,面試時都信誓旦旦,最後卻都虎頭蛇尾,草草下山,所以我並不看好她可以在山上待多久,甚至我說我覺得她不可能在山上待超過一年,搞不好三天就吵著要下山了。

說得比做得容易,做到再來跟我說,否則一切都是假的

最後還是沒有讓她打退堂鼓,或許真的是她的理想與抱負及負擔支撐著她,或許是為了賭一口氣,其實我更相信應該是後者,因為她面試完了之後並不太服氣,完全就是被我小看了一般,所以錄取之後她就直接買了一台中古的越野車,開來山上報到,而且她說再怎麼辛苦她都會待超過一年,而當時我則毫不客氣的落井下石說:「說得比做得容易,做到再來跟我說,否則一切都是假的。還有越野車不是很好開,要小心一點!」

最後,這位空姐在尖石後山待了超過三年,在博幼基金會總共待了五年多,雖然第二年出過車禍,不過她還是沒有選擇離開,最後她贏了,因為她在山上待超過一年了,而我輸了,但是我輸得很開心,不是嗎?

所以,您看出來**我用了甚麼方法將她留在尖石後山超過三年了嗎**?

逆向激勵法
（逆反心理）

　　這篇故事的核心其實揭示了一個非常有效的激勵策略，尤其是在應對有能力但可能缺乏堅持的人時。在這裡，督導採用了幾個特別的心理策略來激勵這位空姐留下來超過三年。

1. 逆向激勵法（逆反心理）
　　督導利用了 逆向激勵法，或者可以說是激發了空姐的逆反心理。在面試過程中，督導故意把山區工作的困難和挑戰描述得非常嚴苛，並且一再表達他對空姐能否適應的懷疑，甚至直接表明她不會超過一年，或者三天就可能想要下山。這些話其實激起了空姐的鬥志，使她心中有了一種「我要證明自己」的強烈動力。

這是一種心理策略，督導藉由質疑應徵者的能力和堅持，讓她產生了一種要「反駁」和「證明自己」的決心。這種逆向激勵通常會在某些性格的人中激發更強的毅力，尤其是那些對於挑戰有積極反應的人。

2. 真實的困難呈現與現實挑戰

督導沒有掩飾山上生活的艱苦，反而詳細描述了生活中的各種不便和風險，包括偏遠地區的交通困難、生活的不便、天氣的惡劣以及隨時可能遇到的危險動物。這種做法一方面可能會打擊應徵者的信心，但另一方面也給了她一個清晰的選擇機會——如果你接受了這份工作，你將面對的就是這些挑戰。這種開誠布公的態度，反而激發了空姐的責任感和挑戰精神，使她更有準備地去迎接工作中的困難。

3. 保持挑戰而非同情的態度

督導選擇用一種挑戰的語氣，而不是表現出過多的同情或鼓勵，反而表現得非常懷疑，並且認為空姐可能會無法承受這樣的環境，這樣的態度其實是在間接地設立一個「門檻」，讓空姐覺得自己必須跨越這個門檻來證明她的決心和能力。這種態度並非對個人的攻擊，而是一種心理壓力，讓對方自我激勵，並且更加渴望去實現目標，超越外界對她的低估。

4. 建立實際的行動目標

空姐最後選擇購買了中古越野車，這是一個非常具體的行動，表明她願意為了這份工作而付出努力和成本。這是一個轉折點，表明她不僅僅是有想法或理想，更是願意付諸行動。督導在過程中不斷給她具體的挑戰，例如駕車的困難和危險，這些具體的細節迫使她在心理上做出準備並

付出實際的行動。

5. 給予自主空間而非承諾保證

督導在整個過程中並沒有給空姐太多的鼓勵或承諾，相反，他更多的是讓她自己去決定要不要接受這些挑戰。這種做法能夠避免讓應徵者在面對困難時因依賴外界支持而失去動力，而是把選擇權和責任完全交給她自己，從而增加了她的自主性和責任感。

結論

督導之所以能夠成功讓這位空姐在尖石後山堅持超過三年，最主要的方法就是利用逆向激勵，通過挑戰和懷疑激發應徵者的鬥志。同時，他也真實地呈現了困難的環境，讓應徵者在充分理解挑戰的情況下自我決定。這樣的激勵策略不僅讓空姐更加有決心去面對挑戰，也讓她在克服這些困難時感受到真正的成就感。督導的策略並

不僅是簡單地激發意志力，而是透過一連串的心理激勵、現實挑戰的描述和責任感的建立，最終讓這位空姐留下來並超越了最初的自我設限。

02 ─ 翻身

當課輔老師也需要像個案一樣輔導時，
你如何抉擇呢？

寫於 2021.06

部落裡有名的「馬路英雄」

阿里是部落裡有名的「馬路英雄」，40 多歲未婚，平時除了種自己家裡在山上的地之外，偶爾會打打零工，但是更多的時候是在喝酒，經常下午就已經醉醺醺了，走在馬路上搖搖晃晃，有時候天太黑還會在路邊睡著，不過這都還算小事，比較麻煩的是有時候喝了酒之後會騎摩托車，運氣不好時會遇上警察攔酒駕，被抓到酒駕

就要罰很多錢，幾次之後媽媽沒有錢幫忙繳罰款，就必須入獄服刑，阿里就是一個家裡的老媽媽很頭痛的小兒子，可是老媽媽也拿他沒辦法！

不放過任何一個可能成為部落課輔老師的人

而阿里其實有不錯的學歷，雖然只有陸軍官校肄業，不過我們都不會小看能夠考上陸軍官校的人，所以當社工員在路上「撿到」阿里時，阿里其實已經喝得有點茫了，社工員問了阿里願不願意來擔任我們的課輔老師時，阿里毫不考慮的答應了，雖然我不認為他很清楚課輔老師是要教小朋友功課，不過既然他答應了，我們就不放過任何一個可能成為部落課輔老師的人。

這是一件相當不容易的漫長工程

無論他有怎樣的過去，我們只知道部落必須有在地的老師，因為外面的老師終究不可能為了一天 2 小時 240 元（2008 年的鐘點費 120 元 ／ 小

時)的鐘點費進到部落教書,所以任何一位願意擔任部落課輔老師的當地居民對我們來說都是彌足珍貴,那怕需要把他們當作「個案」來輔導也是在所難免。因為當時在部落已經有人挑到沒有人了,所以我們很早就接受必須把課輔老師當作個案來輔導,來協助這些課輔老師重新拾起十幾年甚至幾十年沒有碰過的閱讀、英文與數學課本,這是一件相當不容易的漫長工程。

馬路英雄怎麼可以當老師

後來我們意外發現阿里的英文非常好,英文程度至少有高中以上,這都要歸功於就讀陸軍官校時的英文訓練,數學能力也很好,同時他又很會班級經營,因此高年級或國中程度較好或比較不聽話的小孩都是交給阿里教導,阿里也都把這些比較難搞的小孩治得服服貼貼的,雖然一開始部落很多家長與老師質疑馬路英雄怎麼可以當老師,但是這個歷程就是社會工作最厲害之處了。

身為課輔老師要有形象

　　我們一方面讓阿里順利發揮教學上的優勢，同時利用課輔老師這個身分提高對阿里的期待與要求，也提升阿里的自我概念與期待。我們要求阿里不能公開場合喝酒，要喝酒就躲在家裡喝（因為要幫助別人成功戒酒對我們來說太難，所以我都比較傾向換時間與換地點喝，這樣比較容易有效果，也比較能夠被接受），喝完不能出門，喝完就只能在家休息與睡覺，因為身為課輔老師要有形象，雖然不容易，但是有旁人協助與鼓勵，慢慢的阿里也發現自己可以不在外面喝酒了，而且他也獲得不少教學的成就感，對自己的自我概念與自我期待也提升不少了，因此在博幼擔任 5～6 年的課輔老師期間可以說是阿里人生中難得的順利階段。

順利的工作與人生階段

　　這對曾經就讀官校不順、在都市工作不順、回到部落也不順的阿里來說卻可能是唯一一個可

以「順利的工作與人生階段」，因為阿里已經40多歲了，顯然要東山再起的機會很渺茫了，所以我曾經在一次跟阿里狀況不好時的懇談過程中直接挑明的對他說：「博幼基金會的課輔老師可能是你這輩子最後一次翻身的機會了，錯過之後就不一定還有機會了。」聽完我的話之後他沉默了一段時間，最後他說：「你說得沒錯！我這一生失敗太多次了，而博幼的確極有可能是我剩下唯一翻身的機會了。」這次懇談之後阿里穩定了相當長（1～2年）的時間，雖然後來阿里因為其他因素而被迫離開博幼，不過我想這段教書的時間會是她人生當中難得可以拿出來成功說嘴的時期，這一切都是有意義的。

大人小孩一起進步

在偏遠地區輔導一位課輔老師，帶來的效益常常是超過一位小孩的，大人小孩一起進步，這樣偏遠地區的改變才會紮實與穩固。

賦權理論

在這篇文章中,可以從賦權理論的角度來進行分析。賦權理論強調的是增強個人的力量,使其能夠掌握自己的生活,提升自我效能感,並發揮自身潛能。故事中的阿里是一位酗酒的「馬路英雄」,透過社會工作者的介入,他從一位問題人物轉變為部落的課輔老師,這過程正是一種賦權的體現。

首先,社會工作者並未因阿里的背景而放棄他,而是看到他的潛能,這種態度本身就是賦權的第一步。阿里本身雖然有酗酒的習慣,但他有過不錯的教育背景,這使得他在教育工作中展現出了很強的適應能力。社工員給他提供了擔任課輔老師的機會,這是賦權的一種重要實踐,即通過增加個人的社會角色和社會價值,使其能夠對

社會產生貢獻。

　　社會工作者在賦權過程中，首先幫助阿里找到自己的優勢，例如他的英文能力、數學能力以及班級管理能力，這些都成為了他在課輔班中的強項。這些優勢被充分發揮後，阿里不僅能夠有效教導學生，還逐漸找回了自信，這使得他能夠脫離以往消極的生活方式，開始積極面對自己的生活。

　　此外，社工員對阿里的行為進行約束，例如不允許他在公開場合喝酒，這也是賦權的一部分，幫助他樹立一個更積極的社會形象。在這個過程中，阿里逐漸對自己的身份有了新的認同，從一個「馬路英雄」變成了受人尊敬的課輔老師，這無疑是賦權理論的成功案例。

　　最後，賦權理論強調個人和社區的力量相結合。在阿里的故事中，他的改變不僅對他個人產生了影響，對於部落的其他孩子也帶來了積極的

影響。透過阿里的改變，孩子們看到了部落中「問題人物」的轉變，這樣的榜樣作用也間接提升了社區的整體士氣和凝聚力。這些成果顯示出賦權不僅是個體層面的成功，也是一種集體的力量增強。

03
羨慕

你會羨慕當年有貴人相助
的不幸小孩嗎？

2023.07.23

如果當年有貴人相助就好了

　　2023.07.21 我在雲林教養院辦了第四本書《跡履－每個人都有一條堅持要走的路》第一場的新書分享會。這是一場沒有對外公開的分享會，因為分享會的對象是雲林教養院的院生，因為是保護性個案，所以也不能透露過多的資訊。

小雨（化名）就沒有這麼幸運

分享會之前，20 幾位院生都各自選定部分的文章先行閱讀，並且準備了問題提問，甚至最後還安排了三位自願的院生分享。小雨分享時覺得書中的小白很幸運，小學五年級之後爸爸就不再打他了，不像小雨被爸爸打到國中，而且還有這麼好的機會可以參加課輔，不會的功課有人可以指導，也有課輔班的督導與社工關心，而且還跟家長合作一起幫助小白，防止小白誤入歧途，真是令人羨慕！因為小雨自己就沒有這麼幸運，當年因為沒有「貴人」相助，自己就誤入歧途了，現在才被安置在雲林教養院。

我完全可以理解那種羨慕的心情

小雨來自一個家暴的家庭，家庭的功能很差，從小就被父親不斷的家暴，小雨童年經歷的狀況很悲慘，雖然她只是輕輕地帶過，但是我從她的眼神當中看到了深深的恐懼與陰影。聽到小

雨的分享我忽然有一種熟悉感，因為我在服務這些課輔的小孩時，有時也不免幻想當年要是有「博幼基金會」幫我課輔該有多好，或許以我的聰明才智搞不好可以考上公立大學，可以找到更好的工作，賺到更多錢，實現我賺大錢的夢想，所以當小雨分享的時候我完全可以理解那種羨慕的心情，因此我回應的時候先同理小雨有這種心情非常正常，我也很有同感，因為我的確這樣想過，而且不只一次。但是，當我回到現實時，我知道時光無法倒流，逝去的歲月無法重拾，所以面對這種羨慕的心情，我們究竟如何自處與自我安慰呢？

既然成長過程中貴人沒有及時出現

既然成長過程中貴人沒有及時出現，而且看起來似乎還有不少不幸孩子的貴人都沒有及早出現，那麼我們究竟有甚麼辦法讓遺憾不再只有遺憾呢？於是我換個角度思考，或許我們這些成長

過程中沒有「博幼基金會」這個貴人的小孩長大之後可以更深刻了解貴人的重要性，也更能以自己的痛苦經驗來幫助有類似經歷的小孩，這樣的話，我們是不是就可以成為別人的貴人呢？比起那些有幸福童年或曾經接受過貴人幫助的不幸小孩，長大之後成為貴人的我們是不是更加不容易，更加能夠理解在黑暗之中看不到光的絕望感，而當我們從暗無天日的深淵爬出來之後，我們依舊願意伸出援手拉出正在黑暗中摸索的另外一個自己，這不僅是在幫助別人，也是在幫助小時候的自己，這樣的我們是不是更需要勇氣呢？

發現塞翁失馬，焉知非福

聽完我的回應，小花的眼中明顯退去羨慕別人的眼光，因為她「發現塞翁失馬，焉知非福」，原以為別人得到了一個很好的獎品就是最大獎了，但是現在才發現或許最大獎是自己最有可能得到，當然這個最大獎不是輕易可以獲得，

她必須要付出更多的努力與代價,但至少還有最大獎還沒被抽走,這樣自己就有新的目標與努力的動力了。

你明白爲何在成長過程中沒有貴人了吧!

當你發現你的成長過程中,貴人一直遲遲沒有出現的時候請不要慌張,或許你會誤入歧途,或許你會遭受無數的苦難與磨難,但是請記得永遠不要放棄你自己,因爲你有可能是上天在訓練你當別人的貴人,所以你是別的不幸小孩等的貴人,所以,你明白爲何在成長過程中沒有貴人了吧!這樣你還需要羨慕別人嗎?

心理社會理論

在這篇文章中，小雨的經歷可以通過心理社會理論進行分析。心理社會理論強調個人內在心理過程與外在社會環境之間的相互作用。小雨在分享會上表達出對小白的羨慕，反映出她對自己成長經歷的內在感受，以及社會環境對她的影響。

首先，小雨的內在心理過程深受她的成長經歷影響，她來自家暴家庭，缺乏社會支持，這導致她對自己的人生發展充滿了遺憾。她的羨慕源於對小白得到社會支持的嚮往，這種羨慕背後其實是一種對自己成長經驗的失落感和對未曾擁有的關懷的渴望。

心理社會理論還強調社會環境對個體發展的深遠影響。在小雨的成長中，缺乏外界的支持和

「貴人」的出現，使她的發展受到極大阻礙，這些不利因素導致她最終誤入歧途。而書中小白的例子，反映出在面對類似的困難時，如果有外部支持的介入，個體的成長軌跡可能會截然不同。這樣的對比加劇了小雨對自己遭遇的痛苦感知，也加強了她對社會支持的渴望。

然而，在分享會上，小雨的心理狀態得到了轉變。在聽到作者回應中強調「成為別人的貴人」這一觀點後，小雨開始認識到，儘管自己成長過程中沒有得到足夠的支持，但這樣的經歷也可以成為她幫助他人的力量。這樣的重新認知過程，使小雨從對過去的遺憾轉向積極看待未來，這是一種典型的心理社會調適的表現。

最後，小雨開始將自己定位為可能的「貴人」，這樣的心理轉變是一種重塑自我概念的過程。心理社會理論強調，在個人內在心理過程與社會環境的相互影響中，個體能夠重新找到意義

並調整自己的心理狀態。小雨的轉變顯示了她從受害者的角色中走出，試圖成為一個能夠給予他人支持的人，這體現了心理社會理論中的自我效能感與社會適應之間的密切關係。

04
雙贏

您有專業與熱情嗎？

寫於 2023.10.22

意外的收穫

2004 年 9 月因為小恩（化名，國三女）參加課輔班而為其他的課輔班學生帶來意外的收穫，也讓我覺得破例讓小恩參加課輔是好心有好報，更讓我感受到社會工作其實很多時候都有機會達到雙贏，不僅小恩可以順利參加課輔減輕家庭的經濟壓力，同時也因為小恩爸爸的工作而幫助了課輔班其他弱勢孩子。

這為數不多的輔導費卻是弱勢家庭最煎熬的抉擇

　　小恩的父母在埔里鎮上開了一家麵包店,但是生意卻因為種種因素長期不好,麵包店微薄的收入卻是家裡經濟所有的來源,因為家庭與眾多孩子(4個小孩)的各種開銷讓小恩的父母備感壓力,左支右絀,才會認痛放棄進學校輔導班的機會,如果經濟狀況許可,哪個家長會放棄讓成績不錯的孩子進學校輔導班呢?這為數不多的輔導費卻是弱勢家庭最煎熬的抉擇,沒有親身經歷就很難切身體會。

只吃簡單便宜卻很不健康的食物

　　埔里中心的課輔時間是晚上6點到9點,課輔班有200多個孩子每週一至週五都要來課輔班上課,但是因為種種因素,有些是家裡住得遠無法回家吃飯,有些是家長根本還沒下班無法幫孩子準備晚餐,加上經濟狀況不好,因此有不少的孩子到課輔班上課時常常是沒有吃晚餐,或是只

吃簡單便宜卻很不健康的食物。當時基金會的經費非常有限，因此沒有提供點心與晚餐，加上我們覺得免費提供點心與晚餐不僅會耗掉多數的經費，同時也容易養成孩子與家長福利依賴的不良後果，因此博幼基金會一直沒有固定提供晚餐與點心，除非是捐贈的或者是針對補充孩子營養的點心，而弱勢家庭比較無法完整提供的營養品，如牛奶與堅果。

反正臉皮是最不重要的

得知小恩家的麵包店生意不好之後，我腦袋中想到了一個新想法，那就是如果小恩的爸爸可以到課輔班來賣麵包是不是可以增加家裡收入，改善經濟狀況，也讓其他沒有吃晚餐的孩子可以有麵包可以暫時止飢，至少達到點心的效果。但是問題來了，麵包一個的價錢大多在 20 元左右，如果是維持原價不僅有圖利小恩家的疑慮，同時對其他的孩子來說負擔也不小，於是我就跟

小恩的爸爸商量把白天賣不完的麵包，傍晚五點～六點到課輔班來賣，但是希望可以每個麵包都賣 10 元，雖然這個請求我開口時也不太好意思，但我確實希望課輔班的孩子可以用他們付得起的價錢買個麵包當點心，所以我就只好厚著臉皮（反正臉皮是最不重要的，而且我也不是為了自己）吞吞吐吐地說了我的請求。

沒有賺錢都沒關係！

結果沒想到小恩的爸爸第一時間就滿口答應的說：「督導你這樣說就太客氣了！小恩可以參加課輔是基金會幫了我們一家的大忙，本來做人就應該知恩圖報，加上到課輔班賣麵包是督導幫忙我做生意，我怎麼可能不答應，本來當天賣不掉的麵包都要送人或銷毀掉，現在還可以晚上來賣怎麼算都是我賺到才對。所以督導你不用擔心，我會多做一些麵包，讓這裡的孩子都可以買到麵包，而且一個就賣 10 元，沒有賺錢都沒關

係！」

為什麼不免費呢？

於是很快的課輔班就有一個 10 元麵包,不僅讓課輔班沒有吃飯的孩子可以充飢,而增加一點點小恩家的收入,雖然我覺得應該不多,但小恩的爸爸說因為每天做麵包的量變大了,而且營業額增加了,所以還是賺錢了!只是小恩的爸爸後來有點疑惑的問我說為什麼要賣 10 元?為什麼不免費呢?如果需要免費的話他也可以把每天賣不完的麵包免費送給基金會,送給課輔的小孩吃。

家長就會失去這個功能與責任

於是我就把我的想法跟他說,第一,我不喜歡免費提供點心給這些孩子,因為這些家庭雖然經濟不好,但是還是有能力給孩子一天 10～20 元買點心,如果我們都幫家長付了這些錢,家長

就連這一點幫孩子買點心的功能與責任都會被搶走，最後家長就會失去這個功能與責任。

讓孩子養成不勞而獲的錯誤價值觀

第二，免費的東西最後都不會被珍惜，如果每天都有免費的麵包可以吃，你相不相信 3 ～ 5 天之後就會有人嫌棄麵包不好吃，同時會有吃不完的麵包被丟掉，因為太容易且不須負任何代價得來的東西是最不珍貴的，也最容易被嫌棄與丟棄的。這樣不僅讓孩子養成浪費與不知珍惜的壞習慣，更容易讓孩子養成不勞而獲的錯誤價值觀，最後孩子就會變成福利依賴。

殺雞取卵是最不可取，也是最笨的方法

第三，如果你提供免費的麵包最後卻發現麵包被嫌棄與丟掉，你還會再提供嗎？同時免費提供不會增加你的收入，你覺得家裡的經濟狀況有辦法改善嗎？不能改善的情況下，你可以支撐多

久?雖然我知道你一定為了答應基金會這個承諾會咬牙撐下去,但這不是我們樂見的結果,做生意與合作都是要想辦法長長久久才對,殺雞取卵是最不可取,也是最笨的方法,所以我不會選擇這樣的方式跟你合作,因為我希望雙贏,而不是只有課輔班的孩子受益,因為這樣不可能長久。

掏錢買的東西就比較不會浪費

第四,一個麵包 10 元每個孩子都買得起,所以只要孩子需要,孩子就會掏錢來買,不需要的孩子就不會掏錢買,掏錢買的東西就比較不會浪費,也沒甚麼好嫌棄的,覺得不好吃可以不買,況且價錢是外面麵包店的一半而已,買一個是賺 10 元,買兩個就賺 20 元,買得越多就賺得越多,何樂而不為呢!

很多課輔的孩子可以不用挨餓的上課到 9 點

結果麵包不僅解決很多課輔孩子的點心與晚

餐,甚至也有很多聰明的孩子會多買幾個回家給弟弟妹妹或是成為隔天的早餐,那幾年在物資缺乏的課輔班,10元的麵包確實發揮了不小的功效,讓很多課輔的孩子可以不用挨餓的上課到9點,小恩的爸爸功不可沒!

您有專業與熱情嗎?

社會工作的魅力就在於原本的兩個匱乏與不足,如果社會工作者用心不放棄地尋找解決方法,或許就有機會可以讓兩個匱乏變成雙贏,而這就需要社會工作者的專業與不放棄的熱情,有人說要成為一個合格的社會工作者需要的是專業,但是要成為一個傑出的社會工作者,不僅需要專業,還要加上熱情!如果您是社會工作者,您有專業與熱情嗎?

問題解決理論

在這篇文章中，可以通過問題解決理論來分析社會工作者如何利用創造性思維解決小恩家庭的經濟困難以及課輔班學生晚餐問題。問題解決理論強調透過系統化步驟和創造性的思維來解決面臨的問題，而在這個案例中，社工運用了典型的問題解決的步驟，逐一解決了多方面的困難，達到了雙贏的效果。

首先，社會工作者面臨的首要問題是小恩的家庭因為麵包店生意不景氣，經濟陷入困難。同時，課輔班的孩子們中，有許多學生因家庭狀況無法在晚餐時間獲得充足的食物。這些問題看似分開，但實際上有著可以互相補足的潛力。問題解決理論的第一步便是明確界定問題：如何同時解決小恩家的經濟困境和課輔班學生的營養不

足問題。

　第二步，社會工作者通過觀察與深入了解，發現小恩家的麵包店能為課輔班提供需求上的解決。於是，他設計出一個具體的方案：讓小恩的爸爸在課輔班售賣白天剩下的麵包，但將價格降低到每個麵包 10 元。這樣的解決方案不僅能夠解決孩子們的晚餐問題，也能改善小恩家庭的經濟狀況，達到雙贏。

　第三步，在實施這個方案時，社會工作者對價格和銷售的細節做了嚴謹的考慮。他選擇不讓麵包免費提供給孩子，而是讓孩子們以他們能承擔得起的價格購買。這樣做的好處是，能夠避免孩子們對於食物的浪費，也讓家長繼續履行為孩子提供基本飲食的責任，這符合問題解決理論中的創造性和可持續性考量。因為問題的解決不僅是暫時的補救，更是要能長期有效地改變現狀。

　在問題解決的過程中，社工還考量到尊嚴和

自我價值的維護。他要求麵包店不免費提供麵包,避免了福利依賴的負面影響,這是一種深思熟慮的解決策略。這樣的設計不僅保障了學生的基本需求,還能幫助小恩的父親保持自我效能感,這符合問題解決理論中的增強自我效能的目標。

最後,這個方案成功實施後,課輔班的學生得到了健康的點心,小恩的家庭也因此減輕了經濟壓力,整個課輔班的氣氛和小恩家庭的生活都得到了積極的改變。這一切體現了問題解決理論的核心精神,即利用現有的資源,系統化地解決面臨的問題,使所有相關人群都能受益。通過這樣的系統化解決方案,社會工作者實現了個人、家庭和整個社會層面的多贏局面。

05
員外

你做的是社會救濟
還是社會福利？

寫於 2023.11.05

人間衛視的邀請

2023 年 10 月 26 日我接受人間衛視人生調色盤的邀請錄影，與兩位前輩一同接受主持人陳亞蘭的訪問，見到小時候看歌仔戲的偶像還是很讓人興奮，雖然裝扮與歌仔戲大不相同，但是毫無妨礙粉絲的興奮心情，差點忘了是到電視台接受訪問。

希望能更簡單的讓一般社會大眾明白

訪談過程中主持人問了一個很多社會大眾仍然不是很清楚的一個問題，這個問題就是社會救濟與社會福利有何區別？也正是因為這個問題很多人都不是很清楚，所以才會造成現今台灣社會福利的很多亂象與不可思議。因此在討論訪談問題過程中我希望能更簡單的讓一般社會大眾明白這兩者的區別，也期待台灣的社會福利觀念能夠持續進步，畢竟台灣的經濟已經是相當進步，高等教育也非常普及，沒有道理社會福利的觀念還有超過一半的社會大眾都停留在未開發國家的行列，這不是一個正常現象。這只能說明社會福利相關的人員，尤其是握有權力的政府官員與大學教授沒有善盡教育一般社會大眾的責任，當然身為一位社會工作者，我自己也要負一部分責任，未善盡推廣社會福利觀念給專業外的一般社會大眾。所以我在這次機會中就爭取討論的空間，還好幸不辱命地圓滿達成了這個任務。

讓台灣人的愛心更被妥善的分配與使用

主持人陳亞蘭小姐也很關心社會福利的議題，也很希望能夠讓更多的社會大眾了解社會福利，期待社會上更多人可以關心各式各樣的社會問題與社會議題，因為唯有更了解才可能有更多的協助與投入，同時也能讓台灣人的愛心更被妥善的分配與使用，將每一份愛心都用在最需要的地方，同時更可以透過社會福利的專業技術不僅解決社會問題，同時更能積極性的預防社會問題的發生，就像醫學一般，從治療疾病開始，最終是要做到預防醫學的道理是一樣的，這樣才是社會福利工作。

員外的例子

為了讓一般社會大眾更簡單明白社會救濟與社會福利的區別，因此我說了一個我常常說的例子，這個例子我說給很多人聽，不管大人小孩一聽就懂，連我的女兒國小時一聽也能懂。話說古

時候有一年發生黃河水患,很多人的農田與房子家當都被大水淹沒了,原本的家鄉已沒有食物可以吃,無法繼續在家鄉生活,因此就出現了災民流離失所,只能到沒有受災的地方尋找生路與糧食,這時就有一個很好心的善人員外看到災民到了他家附近,於是他就想倉庫裡除了自己家裡今年需要的糧食之外,還有 500 石的糧食,於是他就命僕人在他家門口開始施粥,免費讓災民飽餐一頓,但是當 500 石的糧食被災民吃完之後,員外就只好停止施粥。

因為可以,所以才應該

因為員外的倉庫裡已經沒有多餘的糧食了,至於會有多少災民吃不飽,甚至餓死,這已經不是員外能幫的忙了。員外覺得自己已經把自己多的糧食全部拿出來了,剩下的問題並不是他應該解決的,因為他之所以拿糧食出來救濟災民,是因為他「可以」拿出多餘的糧食 500 石,所以他

覺得「應該」拿出多餘的糧食 500 石。因此當員外已經「不可以」再拿出多餘的糧食時，那麼員外就「不應該」再拿出糧食來救濟災民了，這就是社會救濟的概念，「因為可以，所以才應該，如果不可以，那就不應該。」

社工人員會怎麼做呢

而社會福利的社工人員會怎麼做呢？僅就災民吃飯這件事，社工人員會去調查有多少災民？同時造冊登記，方便糧食的分配與發放，每天需要多少糧食才能讓所有災民吃飽？並且估算總共大約需要多少糧食才能度過這次危機，等到朝廷的救災糧食到來？假設需要一個月的時間等待救援到來，這一個月需要的糧食總共 3000 石才夠，那就要想辦法募捐 3000 石的糧食才能解決災民吃飯的問題。

因為應該,所以可以

因此社工人員就要開始調查災區附近有多少員外？員外家中倉庫有多少多餘的糧食？每個員外的風評如何？每個員外預估要募捐的糧食是多少？最後再決定從哪個員外開始募捐？當募捐的糧食不夠時，就要擴大募捐的範圍，當募捐的糧食超過 3000 石時也要有配套的方法避免募集過多的糧食造成浪費。社工人員的工作與目的就是調查災民的需求，尋找足夠的資源，讓災民的需求（問題）與員外的資源（善心）可以適當的配對，避免不足與過多，如此才能適當的解決災民吃飯的問題。社工人員因為覺得「應該」要解決災民的吃飯問題，所以社工人員就想辦法「可以」解決災民吃飯的問題，這就是社會福利的概念「因為應該，所以可以。」

絕不是只靠愛心與耐心就可以解決問題的

當然上述的例子只是簡單將社會救濟與社會

福利做一個區別,兩者不同的部分還有很多,但是希望至少一般社會大眾明白,從事社會福利工作的社工人員是需要一定的專業訓練與能力才能有效的解決問題,絕不是只靠愛心與耐心就可以解決問題的。因此請大家給予社工人員專業人員應有的薪資與尊重,只有給予專業的薪資,社工人員才有可能獲得自己與他人的尊重。千萬不要說社工人員因為有愛心與耐心,所以社工人員不在乎錢,不用給予專業人員應有的薪資。假如這樣的話低薪的社工人員如何幫助案主脫離低薪呢?而且這更是在踐踏社工人員的愛心與耐心。

如果在乎

因為當社工人員的愛心與耐心被消耗殆盡時,社工人員就會失望地離開社會工作,台灣的社會問題就會越來越嚴重,並且越來越處理不好,因為很多社工人員都離開了,而這件事情正在發生,但是台灣的社會好像並不在乎,身為一

個社會工作者，我在乎！而您在乎嗎？如果在乎，請幫忙告訴身邊 5 個人社會救濟與社工福利的不同，而且我們需要專業的社工人員解決社會問題，所以我們需要給社工人員專業人員的薪水。您在乎嗎？

系統理論

在這篇文章中,社會福利的概念可以通過系統理論來分析。系統理論強調個體、家庭、群體和社區之間的相互影響。社會救濟與社會福利的對比,實際上反映出在不同層次的系統中,各種資源分配與協調的方式。

首先,系統理論認為社會系統中的每個部分都是相互依賴的。員外的故事中,施粥行為反映的是一種單向的資源分配模式,即當有能力的個體擁有多餘的資源時,他會出於道義援助受困群體。然而,這種行為是基於「有餘力則為」的基礎,是社會救濟的一種表現,這種救濟方式並不涉及長期系統性的解決方案,救濟資源一旦耗盡,問題也就無法再繼續解決。

相較之下,社會福利是一個涉及更多層面的

系統性問題。在災民的例子中，社會工作者會通過深入調查了解災民的需求，並對應不同的資源分配做出合理的調整，以達到系統內部的平衡。這種行為不僅僅是簡單的給予資源，更是通過系統性的調整，讓整個社會系統中的資源得以持續而有效地運作，這體現了系統理論的相互依賴性與系統整體的協同運作。

此外，從系統理論的角度看，社工人員在解決問題時，會考慮系統的各個層面，從災民的需求，到社區中的資源（員外的糧食），到政府的支持政策，所有這些因素都被考慮進入系統之中，並進行自然整合與協調。這種整合了各種資源的方式，是社會福利得以有效運作的關鍵，也是系統理論中的「整體大於部分之和」的理念體現。

總的來說，系統理論強調，為了讓社會福利體系有效地運作，必須考慮各個系統層面間的互

動，包括個體、家庭、社區和政府政策等，這些層面共同協作，才能達到真正的社會平衡與福利的目標。

06
請求

該不該答應學校老師的請求？

寫於 2023.10.20

成績較好的學生可以晚上留在學校上輔導課

2004 年 9 月初暑假為期 8 周的課業輔導魔鬼訓練剛剛結束，夏天的餘熱都還沒過完就迎來了新學期的挑戰，正當基金會的夥伴們開心地將輔導快 2 年的國三學生送進學校的輔導班（成績較好的學生可以晚上留在學校上輔導課）。而原本課輔的學生中有幾位可以擠進學校的輔導班，接受學校的重點栽培，因此基金會也樂觀其成。

這也是博幼基金會在埔里的課輔班成立 2 年來第一批有資格進到學校輔導班的孩子,因此格外重視與慎重。

如果不參加輔導班會被編到學習風氣較差的班級

當時我們評估的結果是學校的輔導班可以給這一批成績較好的孩子提供更好的學習環境與機會,加上如果不參加輔導班,即使孩子的成績很好也會被編到學習風氣較差的班級,因此當時只好忍痛將孩子送進輔導班,而其他的孩子則繼續留在課輔班參加課業輔導,一直到國三畢業,李家同董事長的想法就是不能放棄任何一個孩子,不管孩子成績好不好都應該提供給他合適的服務,而每個孩子也都應該持續學習,並且每個孩子都是可以進步的。

輔導費卻可能是弱勢家庭全家一整個禮拜的菜錢

孩子有資格參加輔導班對家長來說固然感到

高興與欣慰,但同時也感到為難與矛盾,高興與欣慰的是孩子爭氣,為難與矛盾的是需要繳輔導費,雖然輔導費對一般家庭來說並不多,但每個月要繳的輔導費卻可能是弱勢家庭全家一整個禮拜的菜錢,因此基金會最後決定協助有困難的課輔孩子籌措輔導費用,讓孩子安心讀書,唯一的考量就是孩子的最佳利益。

學校老師的請求

在解決孩子進輔導的問題同時大成國中的某一位三年級導師與基金會聯繫,提出了一個沒有預想過的請求,這位老師希望基金會的課輔班可以破例收她班上的 2 位國三學生。這個請求不在規定之內,因為打從第一個開始做課輔的學期之後我們就決定不再收國中生,更何況是國三生,這件事也沒有人做過,甚至有些違反基金會的正常內規。

沒有時間思考「要不要讀書？」

　　但是經過與學校老師的討論之後，我決定破例收這 2 位學生，但是我要求一些附加條件，除了正常的家訪經濟評估之外，我還加了一項與孩子面談，孩子必須通過與我的面談之後才能到課輔班上課，同時這 2 個孩子的規定比其他孩子嚴格，到畢業前這一年孩子不能遲到早退、不能請事假，只能請病假與喪假，否則就取消上課資格，同時我還要當面確定孩子的學習意願夠不夠強烈，因為我告訴孩子這一年會非常辛苦，每天到課輔班就是讀書，沒有時間思考「要不要讀書？」因此我不會處理這 2 個孩子要不要讀書這件事，不想讀書就回家，做不到破釜沉舟就不要來課輔班，因為課輔班就是上課的地方，不是思考的地方。

老師覺得這 2 個孩子太可惜了

　　老師推薦的這 2 位學生成績還不錯，因此是

有資格參加輔導班的,但是因為家庭經濟狀況不好,付不出輔導費,所以就無法參加輔導班,但是當年沒有報名參加課輔,所以照理說也無法參加博幼基金會的課輔班,但老師覺得這2個孩子太可惜了,於是就跟基金會提出了這個請求。而我覺得這2個孩子的確是基金會希望幫助的孩子,但是基金會的規定我也需要顧慮,畢竟無方圓不成規矩,因此我提出了額外的要求與更嚴格的規定就是為了避免破壞規矩,讓其他課輔班的孩子心理可以平衡,也讓這2個孩子更珍惜這個得來不易的機會,不要辜負學校導師對他們的期望與期待,同時還能兼顧一定程度的公平性,這是我一貫使用的方法,效果其實都不錯!

果然經過事先約法三章之後,這2個孩子都非常清楚自己的定位與責任,每天都很準時來參加課輔班,上課也很認真,也沒有請過假,基本學力測驗結果出來,2個孩子小恩(化名)與小貝(化名)都考得不錯,2個成績都可以上埔里

高工，小恩考上埔里高工化工科，小貝則到台中就讀，因為小貝的媽媽在台中工作。看到 2 個孩子這一年都非常認真讀書，一年後都考得不錯，最開心的是大成國中孩子的導師，而我也很開心地完成老師的請求，雖然我當了一年的惡人（其實我一直都是惡人），但是我很習慣，也很開心，更是稱職，不是嗎？

很多好事，都被很多好人，給做壞了！

我對社會福利最大的微辭就是大家都想當好人，都想做好事，但是大家都忽略一件事，那就是社會福利界充斥著一個現象，那就是「**很多好事，都被很多好人，給做壞了！**」而我要告訴大家一件事，做好人重要嗎？其實做好人根本一點不重要，一個把好事給做壞的好人有任何意義嗎？如果有，那就是負面意義，把好事做好比做好人重要，你贊成嗎？

如果做好事需要我成為惡人，那我很榮幸甘願成為惡人！ 那你呢？

行為修正理論

在這篇文章中，可以通過行為修正理論來分析社會工作者如何有效地協助兩位國三學生達到教育上的目標。行為修正理論強調行為是通過後果的強化和懲罰來改變的，督導對這兩位學生的要求，實際上是利用強化和懲罰來幫助他們修正行為，達到學業的成功。

首先，督導決定破例收這兩位學生，但附加了更嚴格的要求，包括不能遲到、早退，不能請事假，這些都是對學生行為的嚴格控制。這些規則的設立本質上是一種行為修正技術，目的是通過外部的行為約束來建立學生的責任感和規律性。當學生達到這些標準時，能繼續留在課輔班接受輔導，這是一種正增強的手段，激勵學生遵守規定，達到行為修正的效果。

督導還告訴孩子們，這一年會非常辛苦，每天到課輔班就是為了讀書，沒有時間「要不要讀書」的選擇空間。這樣的表述實際上是通過創造一個高強度的學習環境，來增加學生對學業的專注，減少其他可能分散他們精力的選擇，這種做法也是行為修正理論中通過環境控制來達到行為改變的典型策略。

　　行為修正理論還強調，改變行為的過程中，負面的後果可以有效遏制不良行為。在這個案例中，如果學生違反了規定，如請事假或遲到，則會被取消參加課輔班的資格，這是一種負強化的策略，目的是讓學生認識到不遵守規則的後果，從而自覺修正自己的行為。

　　結果顯示，這兩位學生在整個過程中表現得非常優秀，成功考上了公立高中職，這表明行為修正理論在這個案例中的有效應用。督導通過嚴格的規則和對行為的獎勵與懲罰，幫助這些學生

達成了學業的目標,這正是行為修正理論強調的透過後果來塑造和改變行為的實例。

07
任務

面對 58 位絕大多數都是孤兒
我該說甚麼呢？

2023.09.13

看著台下 58 位臉上不少帶著令人心疼的「風痕」臉孔

　　2023.08.04 我趁著培訓的空檔第一次在貴陽獨自一人坐了將近一小時的地鐵，再加上 20 分鐘的計程車到一個完全沒去過的地方。原因是受到五年前第一次到貴州培訓時認識的一位學員－可可老師的邀約，去參加他們為貴州遵義市附近的服務對象（絕大多數都是孤兒）辦的為期 15

天的夏令營,她希望有機會我跟這些孩子說說話,鼓勵鼓勵他們。

一開始我其實也沒有特別準備講稿,因為我也不知從何準備,因此我就只好隨機應變,臨場發揮了!看著現場 58 個 7～16 歲的孩子,我思考著甚麼是這些孩子需要且應該不會有人告訴這些孩子的,或著孩子以及身邊的大人都沒有想過的,如果我能想到,那應該就是我當天去的最主要任務了。雖然這不是一件容易的事,但是當我看著台下 58 位臉上不少帶著令人心疼的「風痕(就是臉上有著像被強風刮過的痕跡)」臉孔時,腦海中卻飛快地閃過一個答案,於是我在自我介紹的同時就想好了要跟這些孩子分享甚麼主題了。

出生在貧苦窮困與不幸的家庭之中,是不是他們的錯

我問這些孩子出生在貧苦窮困與不幸的家庭

之中，是不是他們的錯？他們需不需要負責？覺得不需要的請舉手，結果與我猜測的結果非常吻合，多數孩子並不能肯定是不是自己的過錯，也不確定自己不需要負責任，只有極少數的孩子緩緩地在遲疑中慢慢舉起手。於是我接著問出生富裕與幸福家庭的孩子這一輩子從出生到現在有沒有對家庭與社會做甚麼偉大的貢獻？而他們這一輩子從出生到現在有沒有做甚麼傷天害理的事情要投胎到貧苦窮困與不幸的家庭之中？這下這些孩就比較肯定的說「都沒有」，於是我就告訴這些孩子出生在甚麼樣的家庭都不是你們的過錯，也不是你們的責任，甚至根本不是你們的選擇，當然出生在比較好的家庭更不是那些幸福孩子的功勞，所以那些幸福的孩子根本沒甚麼好炫耀的。

我不小心就說出來了

反而，我告訴現場的孩子們，我覺得你們從

小在經歷過這些苦難與不幸的磨難之後,到今天依舊持續努力與命運對抗,依舊沒有放棄自己,反而是我覺得很佩服的對象,同時我也分享自己小時候的貧窮經驗,當然跟這些孩子比起來是小巫見大巫,但是當我人生第一次在這些孩子面前說完口香糖的故事之後不僅好多位孩子都哭了,而連我也控制不了自己的情緒哭了,這個從小藏在我心裡的祕密,藏了超過30將近40年,我也沒想到會說出來,我一直以為我這輩子應該都不會有勇氣告訴別人,但是面對這些孩子我不小心就說出來了。

我想用我的經驗來鼓勵孩子

因為我想用我的經驗來鼓勵孩子,告訴孩子雖然我們有貧苦窮困與不幸的童年,這是我們沒有能力改變的,但是他們如果願意也可以像我一樣,未來用自己貧苦窮困與不幸的童年經驗來幫助跟自己有類似經驗的人,讓自己的童年經驗轉

化成幫助別人的力量,也幫助自己走出傷痛,而這些不幸的童年經驗將會是別人完全沒有的優勢與利器。

我想我應該是說了該說的話了

結束之後的休息時間就有好幾位小孩拉著我的手一直問我各式各樣的問題,尤其是幾個小男孩就像是認識我很久一般地跟我一直聊天,這讓我很驚喜也很心疼,驚喜的是我的人緣從來沒這麼好過,尤其是小男孩,心疼的是在這些孩子的眼裡與肢體動作當中,明顯的感受到很少得到理解與認同,感受孩子內心缺乏關愛的渴望,那一刻,我感受到我的出現是對的,不僅是對那些孩子,對我更是!**我想我應該是說了該說的話了,不是嗎?**

危機調適理論

在這篇文章中,面對台下多數都是孤兒的孩子,社會工作者如何與他們建立聯繫,並為他們提供心理上的支持,這可以用危機調適理論來分析。危機調適理論強調的是在個體面臨危機時,提供及時和有效的干預,以幫助其恢復功能和適應新情境。

首先,這些孩子多數是孤兒,他們所經歷的家庭破碎、親情缺失、經濟困難等困境構成了他們生活中的長期危機。在這樣的情境下,他們對自我價值和未來的希望可能非常模糊,甚至缺乏明確的生活目標。因此,社會工作者的角色就是及時介入,幫助他們度過這樣的危機,重新找到生活的意義和希望。

在演講中,社會工作者首先通過提問方式,

讓這些孩子思考自己出生在不幸環境中的責任問題，並逐步引導他們認識到自己並不是這些不幸的罪魁禍首。這一步非常重要，因為它試圖幫助孩子們擺脫對自己不幸身世的自責感，這是一種心理上的危機干預，旨在解除孩子們心中的壓力源。

接下來，社會工作者分享了自己童年時期的困難經歷，這是一種非常有效的危機調適策略。通過分享個人的故事，社會工作者與孩子們建立了情感上的聯繫，讓他們感受到理解和同理心，這種情感聯繫可以顯著減輕他們的孤獨感和無助感，從而幫助他們更好地面對自己的困境。

同時，社會工作者向孩子們傳達了一個積極的信息，即「讓自己的童年經驗轉化成幫助別人的力量，也幫助自己走出傷痛」，這樣的話語在心理層面上為孩子們提供了一種正向的應對策略，幫助他們將困境轉化為動力，這是危機調適

中的再認知技術。這種再認知不僅能幫助孩子們改變對自己不幸的看法，還能激發他們內心的希望，使他們認為自己的經歷可以被轉化為幫助他人的力量。

最終，社會工作者成功地在這些孩子中引發了正面的改變，幾個孩子開始熱情地與他交談，甚至表達出渴望被理解和被關懷的強烈需求。這表明，通過適當的危機干預，孩子們的心理狀態得到了緩解，對未來也變得更加積極，這正是危機調適理論的成功體現。

08

揹負

課輔媽媽揹的小孩,
進國小時跟其他部落的孩子有甚麼不同呢?

寫於 2021.07

揹著 7～8 公斤的小孩上課 2 小時真的不是一件容易的事情

在新竹的尖石中心當督導的那 3 年時間（2007～2010），我有一個非常重要的工作,那就是要常常要到各個部落或學校去看小朋友課輔的狀況,同時也看學生有沒有認真在上課,所以我認識所有的課輔老師與大部分的學生,而每次看到秋梅揹著小孩上課,還要走來走去的指導學

生時,我都覺得這些揹小孩上課的課輔老師眞辛苦,小孩動輒都 7～8 公斤,揹著 7～8 公斤的小孩上課 2 小時眞的不是一件容易的事情,不過因爲擔心小孩爬出或走出媽媽的視線,會讓媽媽無法專心上課,所以還是只能將孩子揹起來,雖然辛苦,但卻是無奈之舉。

這條路需要我們不預設立場的想法與做法才行

剛開始的時候秋梅的小孩也不太習慣跟著媽媽上課,所以偶爾會有點吵鬧,這讓秋梅常常覺得不好意思,但是工作人員會指導一些育兒的方法提供給秋梅,慢慢地秋梅也學會很多原本不會的育兒技巧,讓她可以比較順利照顧自己的小孩與上課,同時她也發現了自己育兒能力的進步,小孩也慢慢比較聽話了。漸漸地,她的小孩習慣跟著媽媽上課了,即使媽媽在上課,小孩依舊可以睡得很安穩,不會被上課的聲音打擾,而上課的學生也慢慢習慣了小小孩的存在,甚至下課還

會幫忙照顧小小孩,讓秋梅有時間上廁所與指導落後的學生。後來每次看到她駕輕就熟的教導學生,就更加堅定當初鼓勵秋梅揹小孩來上課是無比正確的決定,因為以前還沒聽說過有人做這種決策,事實證明這是一種另類的想法與做法,博幼基金會也走出一條自己的道路,而這條路需要我們不預設立場的想法與做法才行。

從 2 歲就開始聽英文、學數學與聽故事

後來秋梅的小孩慢慢長大了,但是還是每天跟著媽媽到課輔班,雖然只有兩三歲,但是偶爾也會跟著唸英文與聽故事,而秋梅回到家之後也會開始透過唱歌或其他技巧教孩子簡單的數學、認字與認英文字母,所以她的小孩三歲時就已經會唱英文字母歌了,也會簡單的數數了。

秋梅其實只是像其他一般的媽媽一樣常常跟孩子說說話,並沒有刻意教甚麼特別的課程,但是因為秋梅比其他部落的媽媽有更好的基本能

力，同時因為小孩都跟著她去上課，從 2 歲就開始聽英文、學數學與聽故事，所以她的小孩學習能力的基礎就比其他部落的孩子好得多，耳濡目染之下還沒上小學就已經很習慣課輔班的學習與作息了，常常秋梅在上課，小孩自己在旁邊看繪本，而這樣的畫面不就是我們想要在偏遠地區追求與營造的嗎？沒想到竟然誤打誤撞的在偏遠地區實現了。

偏遠地區的小孩絕對不是不夠聰明，只是缺乏有優良環境的栽培而已

2013 年 10 月底，國小的第一次月考剛考完，當時我已經調回南投埔里工作 3 年了，尖石中心的督導傳回了一個很特別的消息，這個消息是秋梅的小孩（當年秋梅每天揹著去培訓與上課的小孩）上國小一年級了，而第一次月考竟然打敗其他軍公教父母的小孩，勇奪第一名，長期以來在尖石鄉，幾乎每個年級的第一名，其父母的

職業都不脫離軍公教醫護,這其實也很容易理解。聽到這個消息我非常高興,也很替秋梅開心,更加印證了偏遠地區的小孩絕對不是不夠聰明,只是缺乏有優良環境的栽培而已,如果有足夠豐富的教育環境,偏遠地區的孩子絕對可以跟都市的孩子表現一樣好的,不是嗎?

所以,**您看到課輔媽媽揹的小孩跟其他部落的孩子有甚麼不同了嗎?**

優勢觀點

在這篇文章中,社會工作者的做法可以通過優勢觀點來分析。優勢觀點強調應該專注於個體的資源、能力和潛力,而不是其缺點或不足,這樣的視角能夠幫助人們更好地應對生活中的挑戰並發揮自己的潛能。

首先,秋梅每天揹著自己的孩子上課,這對她來說無疑是一個巨大的挑戰。從傳統的視角來看,這樣的情況可能被視為一種障礙,認為這會影響她教學的品質。但在這篇文章中,社會工作者選擇了從優勢觀點出發,不僅沒有將這種情況視為一個問題,反而看到這樣的做法所帶來的潛在價值。他們認為,秋梅的行為體現了她對孩子的責任感和對教學工作的承諾,這是她的優勢。

接著,社會工作者也看到秋梅揹著孩子上課

的潛在教育價值。這樣的情況下，秋梅的孩子從小便接觸到教學環境，這讓孩子在耳濡目染之下，比其他孩子更早地接觸到課業的內容，並建立起對學習的正向態度。這一點在優勢觀點下被認為是秋梅及其孩子的一項重要資源，而這種做法最終也帶來了明顯的成效——秋梅的孩子在小學一年級的第一次月考中取得了非常優異的成績，這正體現了優勢觀點的理念。

優勢觀點還強調，在社會工作中，社工員應幫助服務對象重新認識到自己的潛力和能力。在這個案例中，秋梅逐漸發現自己在育兒方面的進步和在課堂上的成就，這種發現不僅提高了她對自我的認可感，也讓她的孩子受益匪淺，這是社工員運用優勢觀點的一個成功案例。

最終，這樣的優勢視角讓秋梅和她的孩子走上了一條不同於其他部落孩子的成長道路，也表明優勢觀點在促進個體和家庭成長中的有效性。

它不僅提升了秋梅的教學能力,還為她的孩子提供了一個更有利的學習環境,這些都顯示出社會工作者如何通過挖掘和利用服務對象的優勢來促進其整體福祉。

09
吟詩

課業輔導進入部落 20 年之後，
你們希望看到甚麼？

寫於 2021.06

課業輔導進入部落 20 年之後，你們希望看到甚麼？

2008 年的一次尖石五峰中心（新竹縣尖石鄉與五峰鄉）全體課輔老師教育訓練當中，我問了在場的部落課輔媽媽們上述這個問題，每個人能想到的答案都不一樣，差異很大，不過在聽完大家的答案之後，我分享了身為尖石五峰中心督導——一個外來者兼漢人—的期待，當然這只是一

個漢人督導的期待，可能跟部落的觀點落差很大，但是我覺得就當作參考就好。

何謂馬路英雄呢？

一開始進到尖石五峰時，部落的狀況跟當初博幼基金會進到南投縣信義鄉看到的狀況有部分類似，當然也有很多的不同，不過我印象最深刻的就是一開始部落都有一部分的「馬路英雄」，何謂馬路英雄呢？就是傍晚或晚上有時會看到有人醉倒在路邊，這樣的景象在我到偏遠山區工作前是完全不曾看過，也無法想像的，但那卻是有些部落的日常，而當我了解這些馬路英雄的背景時，卻大大的顛覆了我對他們的刻板印象，原來，多數的馬路英雄都是有故事的，也都不是一開始就是馬路英雄的。

一個天馬行空的想法

於是，我有了一個天馬行空的想法，這個想

法我不知道會不會實現,不過如果實現或許也會是部落的另一種獨特的風景。這個想法的源頭其實要追溯到我高中時期的經驗,當我就讀高中時,學校後門附近有著很多商店與宿舍,其中有一位很特別的歐巴桑,這個歐巴桑是一位思覺失調患者,平常就在學校後門活動,遇到大部分的人都會跟大家聊天,用的是國語,說話也還算清楚,只是內容有些顛三倒四,平時就是撿撿回收,跟大家相處也還算和平,學生都還滿喜歡她的,也沒有人會刻意欺負她。

就讀日本帝國大學的高材生

但是當他發病時,就會在電線桿上用麥克筆寫上滿滿的日文,嘴裡說著流利的日文,速度之快,比之她說國語的速度有過之而無不及,雖然我幾乎一句都聽不懂,但是看得出來她非常認真的在表達,似乎是非常有結構的內容,有點像是在背書,講得非常認真與投入,同時也很激動,

只是沒有聽眾,但是卻不會讓人感到壓迫與害怕,只是讓人更好奇。

後來聽學校老師說我們才知道原來這位60幾歲的歐巴桑曾經留學日本,是就讀日本帝國大學的高材生,在當時的台灣是相當了不起的女性,可惜後來不知什麼原因(好像是感情傷害)而變成了思覺失調,最後就只能回來台灣度過餘生,令人不勝唏噓!

無法保證沒有人會喝酒與喝醉

而我後來分析一般人為何會害怕大部分的思覺失調患者,但是卻完全不會害怕她呢?她跟其他的思覺失調患者給人的印象到底哪裡不一樣呢?我認為這跟她發病時所說的話語有著非常高度的相關性,因為她說的是日語,同時又像是在背書一樣,內容並不會讓人產生恐懼與壓迫,所以自然就不會害怕了。

於是我就有一個天真的想法,因為我其實對

於喝醉酒的人是有些害怕的，因為喝醉酒的人可能會說出或做出一些平常清醒時不會說的話或做的事，也很難以常理推斷行為與好惡。因此我就想像20年之後，我可能無法保證沒有人會喝酒與喝醉，但是如果他是課輔過的學生，在部落喝醉酒的時候，我能不能期待我聽到的醉話不是「三字經」與罵人的話，而是「將進酒」呢？又或者是「琵琶行」呢？甚至可以聽到「長恨歌」呢？

有沒有不同於上一代抒發壓力的方法呢

閉上眼睛想像一下一個失戀喝醉酒的人將唐代李商隱的《無題‧相見時難別亦難》「相見時難別亦難，東風無力百花殘。春蠶到死絲方盡，蠟炬成灰淚始乾。曉鏡但愁雲鬢改，夜吟應覺月光寒。蓬山此去無多路，青鳥殷勤為探看。」比手畫腳地在部落路邊唸出來時，這是一幅多麼動人的風景啊！

課輔 20 年之後,學生都長大了,**遭遇挫折不可避免,但是有沒有不同於上一代抒發壓力的方法呢?**

認知行為理論

在這篇文章中,可以通過認知行為理論來分析督導的願景,即希望部落中的人們在面對困境時能夠以一種更積極的方式應對,而不是陷入負面的行為中。認知行為理論強調思想、信念和行為之間的互動,並認為改變認知可以改變個體的行為和情緒反應。

首先,督導觀察到部落中「馬路英雄」的現象,這些行為反映出部落中一些人面對生活困難時所採取的消極應對方式。這種行為不僅影響個人,也對整個部落的社會環境產生不良影響。根據認知行為理論,這些行為的背後往往伴隨著一種負面認知,例如無法擺脫困境的無力感或對生活失去希望的心態。

督導試圖通過教育和文化的方式來改變這些

人的認知,他的想法是,如果這些人在面對困境時能夠背誦一些詩詞或名作,而不是咒罵或抱怨,這樣的改變能夠提升他們的情緒狀態和行為模式。這實際上是希望通過改變他們對生活和困境的認知,從而改變他們的行為。比如,一個人在失戀喝醉時,如果他背誦的是李商隱的詩,而不是發酒瘋,這樣的行為不僅有助於個人情緒的抒發,也能給周圍人帶來更正面的影響。

認知行為理論還強調行為改變的持續性和穩定性。在這個案例中,督導希望通過長期的教育和課輔活動,讓這些詩詞成為孩子們思維的一部分,當他們長大面對挫折時,自然而然地採取這種更積極的方式來表達情緒。這是一種從認知入手,試圖改變行為和情緒的長期策略。

最終,這樣的願景不僅是在改變個人的行為模式,也是對部落整體文化的改變。通過強化孩子們對文化和知識的認同感,督導試圖塑造出一

個更加積極、健康的社會氛圍,這完全符合認知行為理論中透過改變認知來改變行為的核心理念。

10 聚會

弱勢孩子走向弱勢家庭的五部曲

寫於 2023.10.11

教師節的聚會

2023.09.28 教師節我到屏東潮州與許久不見的鄔嫚見面聚會，跟鄔嫚認識已經超過 16 年了，雖然他遠在屏東縣來義鄉，但每隔一段時間，當我有機會下去屏東潮州時，我們總是常常見面聚會討論各式各樣的議題與合作。

令我很意外的話題

本次的討論過程中有個令我很意外的話題，

那就是部落的早婚問題依舊很嚴重，早婚的議題在偏遠地區或弱勢族群當中是很常見的很正常的現象，這個議題其實也困擾我很多年，從我在埔里中心擔任督導時就已經開始注意與防範這個問題了。讓我驚訝的是這次聚會時鄔嫂說原本這10年來部落早婚的狀況有些許改善，雖然依舊有不低的比例，但比之前好多了，但近來又有增加的趨勢與跡象，早婚帶來的經濟、家庭、教養、教育……等問題層出不窮，一個兒童與青少年的問題很容易就變成一個弱勢家庭的問題。曾經有過一陣子，教育問題獲得偏鄉社福團體的注意，因此有不少的團體都紛紛的投入相關資源，希望能解決偏鄉地區兒少的教育問題。但是這幾年社區組織的重點工作都轉向長照服務，兒童青少年在部落的課業輔導與課後照顧服務已經只剩下博幼基金會了，這樣的轉變讓原本就很需要兒童與青少年服務的部落雪上加霜，而現在早婚趨勢又有逐漸增加的情況，可以預見的就是這些家

庭未來幾十年都會成為社會福利需要關注與服務的對象，怎麼不讓人感到憂心呢？

希望避免這些孩子太早婚

當初一開始在埔里課輔時，對於弱勢兒童的期待就有一項是希望避免這些孩子太早婚，希望可以延後這些弱勢孩子結婚的年齡到至少 20 歲之後，也希望女孩子生小孩的年齡延後到至少 20 歲之後，男孩子則是希望其另一半生小孩的年齡也延後到至少 20 歲之後，就是看到有為數不少的弱勢家庭的父母太早婚，不僅增加經濟不穩定的風險，因為早婚常常代表著沒有足夠時間學習專門技術與獲得較高的學歷，因為整個產業結構的改變之下已經很少人可以在 18 歲以前就已經當完學徒出師了，也很難靠自己就有足夠的經濟基礎，因此就會增加落入弱勢家庭的風險，雖然結婚生孩子的年齡與弱勢家庭無法劃上等號，但是不可否認任的是這兩者之間還是有一定

程度的相關性。

擔任督導時最喜歡恐嚇社工員舉的例子

當初我在埔里擔任督導時最喜歡恐嚇社工員舉的例子就是請社工員好好努力做課業輔導,否則 15 年之後曾經參加課業輔導的小孩就會牽著他 10 歲的小孩回來報名參加課業輔導,到那個時候就是博幼基金會社工員最大的噩夢。因為到時候社工員要怎麼跟那個 10 歲的小孩解釋他的爸爸或媽媽曾經在博幼基金會參加課業輔導,結果離開 15 年之後還是需要把自己的小孩帶來博幼基金會,這樣不就是在證明博幼基金會的課業輔導完全沒有效果嗎?這實在是太可怕的事情,絕對不能讓它發生!

弱勢孩子走向弱勢家庭的五部曲

至於為什麼是 15 年,因為 15 歲國中畢業,只要孩子沒有繼續升學就投入就業市場,5 年之

內結婚生小孩是輕而易舉的事情，因為他們已經是「大人」了！根據我的觀察，國中畢業就工作的弱勢孩子通常（當然不是絕對）會在五年之內走向弱勢五部曲，這五部曲就是懷孕（讓別人懷孕）→結婚→生小孩→當兵（或先生當兵）→離婚，記得這五部曲是有順序的，通常都是奉子成婚，所以會先懷孕而結婚，同時因為年齡太小所以會在生完小孩之後男生才去當兵，通常當兵之後經濟與家庭狀況就會急遽惡化，夫妻之間就非常容易出現各式各樣的問題，最後就會發現個性不合，最後就很容易走向離婚這條路，就更容易變成弱勢家庭，所以等小孩10歲時就需要求助博幼基金會參加課業輔導，這就是弱勢孩子走向弱勢家庭的五部曲，我在一些沒有參加課業輔導或中途離開課輔的孩子身上看到這樣的結局，看著這些孩子走著更辛苦的彎路，曾經相識一場的緣分讓我很心疼，也為自己的無能為力挫折，所以我希望參加課輔的孩子都不用再走這五部曲。

「會賺錢」其實就可以稱爲「大人」

而對於早婚的觀察我有一個發現,不知是否正確,那就是以前的社會對於「大人」的認定其實並不一定是以年齡來區分,而是以「會不會賺錢」來區分,像我小時候不管大人小孩就是這樣認定,而這樣的認知是否還殘留在一部分人的心中呢?我沒有答案,但恐怕是的。因此對於早早投入就業市場的人(可能國中畢業15歲就工作)來說,「會賺錢」其實就可以稱爲「大人」,而大人自然就應該可以結婚、生小孩不是嗎?因此延後這些弱勢孩子就業的年齡或許可以改善早婚的狀況,同時這些弱勢孩子也需要更多的時間在國中畢業之後繼續學專門技術或取得高等教育的學歷之後再投入就業市場,否則就容易提高日後低薪與失業的風險,增加再次落入貧窮與犯罪的風險。

避免早婚與落入貧窮與犯罪的有效方法

二十年過去了,當年課輔的孩子幾乎都在 20 歲之後才結婚與生小孩,同時這些孩子的經濟狀況也相對穩定,生活也相對正常,看來當年的想法應該是對的,當年的願望也已經實現了,所以協助弱勢兒童課業輔導,培養弱勢孩子取得專門技術或取得高等教育的學歷看來就是避免早婚與落入貧窮與犯罪的有效方法,不是嗎?

系統理論

在這篇文章中，弱勢孩子的早婚問題可以通過系統理論進行分析。系統理論強調個體、家庭、社區和整個社會之間的相互影響，這些因素共同塑造了孩子們的行為和生活軌跡。

首先，早婚現象在弱勢家庭中出現，反映了系統各層面存在的多種因素的交互作用。在微觀系統中，這些孩子的家庭往往缺乏穩定的經濟基礎和足夠的社會支持，這使得孩子們更容易在青春期過早地進入婚姻，試圖尋求一種情感和經濟上的安定。而這種情況也受到中介系統的影響，例如社區內的文化傳統、同輩壓力，以及缺乏外部教育和支持系統的介入。在偏遠地區或部落中，早婚現象可能被社區視為一種正常且可接受的生活方式，這些文化和價值觀成為中介系統的

一部分,影響著孩子們的選擇。

在更宏觀的層面上,社會政策和資源的分布也是早婚問題背後的重要因素之一。由於資源分布的不均衡,偏遠地區的兒童和青少年缺乏課後輔導、技職教育等支持,這些缺少的資源和支持網絡使得孩子們的發展道路受到限制,也因此更容易導致孩子們提早進入婚姻,缺乏長期的職業發展規劃和教育機會。當社區中的社福組織重點轉向長照服務而非兒童與青少年的教育輔導時,這種系統層面的支持缺失更加嚴重地影響了這些孩子的未來。

社會工作者在這樣的情境中,實際上是試圖通過改變系統各層面的運作來介入這個問題。他們努力通過課輔活動來延後弱勢孩子的婚育年齡,這是一種典型的系統理論中的介入策略,旨在改變微觀系統(個人及其家庭)和中介系統(社區及學校)的互動方式,讓孩子們有更多的

時間接受教育和學習技能。這種介入使得孩子們能在更穩定的年齡和更有準備的狀態下進入婚姻和建立家庭，從而打破弱勢孩子走向弱勢家庭的惡性循環。

系統理論強調整個系統內部的整體效應，而不是僅僅關注某一部分。文章中提到的「弱勢孩子走向弱勢家庭的五部曲」正是由於系統內部的各種因素相互作用而形成的惡性循環。這個循環中的每個步驟都是上一個步驟的結果，並且會對後續的系統層面造成影響。而社會工作者的工作就是通過干預這些步驟中的某些環節，從系統內部進行調整，最終改變整體的結果。

透過系統理論的視角，我們可以看到早婚問題並不僅僅是個體選擇的結果，而是家庭、社區、社會政策和文化等多方面因素共同作用的結果。因此，解決這一問題需要從多個層面進行系統性的介入，包括教育支持、社區文化的轉變以

及資源的重新分配等,這樣才能有效地阻止這一代弱勢孩子步入下一代弱勢家庭的循環。

11 — 喜宴

社會工作者的工作
應該誰來定義呢？

2023.12.05

小恩長大了

2017 年的 8 月，我收到了第一張課輔學生的喜帖，小恩長大了，要結婚了。距離第一次看到國三的小恩已經經過了 13 年，時間過得真快，小恩轉眼之間就要嫁做人婦了，真是為小恩感到開心，但一下子還不太能適應，怎麼一下子就長大了。

有點像自己的女兒要出嫁

　　喜宴的當天是個艷陽高照的晴朗好天氣，我帶著太太與兩個女兒一起出席小恩在埔里辦的喜宴，宴會當中我沒有打擾小恩與她的父母，因此他們都沒有看到我的出現，我與另外兩個課輔學生阿明與小芬坐在同一桌，靜靜的看著典禮的進行，看著小恩與父母臉上洋溢著幸福的表情，我深深地為他們一家感到高興，心中也充滿幸福的感覺，有一刻甚至覺得有點像自己的女兒要出嫁般的感覺，因此我說服自己是來實習以後要嫁女兒時的準備，如此才沒有違和感。

小恩比以前更有自信

　　看著高挑身材的小恩穿著漂亮與華麗的禮服，那一刻忽然很不能與國三時內向安靜與低調的小恩聯想在一起，但是我定睛一看在華麗的禮服之下還是我認識的小恩沒錯，只是小恩比以前更有自信，更開朗了，當然也更漂亮了！當天的

菜色如何我早已忘了，甚至根本沒有記得過，多數的時間都在回憶小恩參加課輔班時發生的情況與他們家的 10 元麵包如何餵飽課輔班沒有吃飯的小孩，同時也很高興當年沒有拒絕學校老師的請求，不然我就參加不到這麼棒的喜宴了。

督導，你怎麼會來？

到了逐桌敬酒時，小恩看到我時充滿驚喜的表情讓我印象深刻，他幾乎是用喊的叫出：「督導，你怎麼會來？」而且如果我記得沒錯的話，他還跳了兩下，完全不顧新娘的形象，但是興奮的表情與情緒讓這位新娘更加動人，身旁的眾人完全沒有任何人覺得不妥，反而眾人都被她興奮的情緒感染，讓我也不禁紅了眼眶，有這一句興奮的「督導，你怎麼會來？」就值得在博幼基金會工作的 15 年了（2003～2017），社會工作的價值不就是這樣嗎？我個人認為所謂的幸福就是讓孩子可以成為她期待的樣子，而小恩那一刻就

成為她期待的樣子不是嗎？國立大學研究所畢業，有一份正當而穩定的工作，找到一個好歸宿，這不就是幸福嗎？

像她的第二個爸爸

服務的孩子長大後，跟孩子再見面時我喜歡讓孩子介紹我是誰，有些孩子叫我督導，有些孩子叫我老師，我都很開心，也都坦然接受，因為在孩子心中我是什麼稱謂就代表著孩子對我的印象與接受程度，這沒有好壞與對錯，因此只要孩子肯認我，我都很開心。我也不喜歡打擾孩子，因此我喜歡讓孩子介紹我，甚至有個長大的孩子說我就像她的第二個爸爸，雖然我剛聽到時很驚訝！也一下子不能接受有個大我女兒十幾歲的女孩子把我當作第二個的爸爸，但是我隨即想到其實這些孩子的父親大部分年紀跟我差不多，甚至很多年級還比我小，所以如果我早婚，小孩也跟這些孩子一樣大了，因此我也很快的釋懷與接受

孩子有這種感受,同時更是為這些弱勢的孩子感到開心,有另一個人可以讓他(她)像父親一樣信任,對自己在服務這些孩子的過程中讓孩子感到真心有人關心與理解更是感到欣慰,至少我讓孩子感受到的是像親人般的感覺,而不是沒有情感的服務。

這不是數學計算題

　　社會工作者必須常常提醒自己,自己協助服務對象過程中,我們常常不能知道服務對象對我們的感受究竟為何,因此我們提供多少協助,我們多努力與辛苦,這些其實都不能直接化為服務對象的感受,因為你永遠不知道服務對象經歷過什麼,這些經歷會影響服務對象對你的服務與對你的想法,因此社會工作者不應該把你的協助與服務對象的反饋畫上等號,因為這不是數學計算題,它存在著各種的變數干擾。

沒有資格去評論一個人值得與不值得協助

同樣地，也不存在服務對象值不值得協助的問題，因為沒有人知道協助之後會發生甚麼事情，同時社會工作者也不是上帝與法官，我們**沒有資格去評論一個人是好人還是壞人？是否值得與不值得協助？**在社會工作者眼中只有需要與不需要協助的對象才對，沒有人可以保證與預知未來服務對象會變成甚麼樣子，既然如此，那我們又有甚麼資格去認定誰才值得幫助呢？因此每當我聽到有助人者評論哪些服務對象值得救，哪些服務對象不值得救時，我非常的不以為然！也不能苟同這樣的觀念。因為誰說你認為好的協助，對服務對象來說就一定是他想要的呢？而且在服務對象被你協助的過程中，你又怎麼能夠知道服務對象對所有事情的感受呢？

因此對於服務對象的反饋，我都是以最低的期待來看待，不會自認為協助他人就是多偉大，多了不起的事情，反而因為是最低的期待，所以

不會有失落,反而常常服務對象的反饋都超過我的期待,然後我就常常都很開心。

所以您認為,社會工作者的工作應該由誰來定義呢?

賦權理論

在這篇文章中,可以通過賦權理論來分析社會工作者如何幫助小恩及其他參與課輔的學生逐步走向更有自主性和幸福感的生活。賦權理論強調幫助個體和群體增強他們的能力,以達到對自己生活的掌控。

首先,從小恩的成長過程來看,課輔班為她提供的不僅僅是課業上的幫助,更重要的是賦予她一種自信和掌控生活的能力。她最初是一個內向安靜的孩子,但隨著在課輔班中接受支持、幫助和鼓勵,小恩逐漸變得自信和開朗。這個過程就是賦權的體現:通過知識和社會支持的賦予,小恩逐步獲得了改變自身處境和實現自我目標的能力。

社會工作者在整個課輔過程中強調對孩子們

的全面支持，而不僅僅是課業上的進步。這種做法符合賦權理論的精神，即不僅看重一時的學業成就，而是幫助孩子們建立起對未來的積極態度和信心。小恩的例子尤其突出，她最終能夠取得國立大學研究所的學歷，並找到一份穩定的工作，這是她通過課輔班的支持而一步步達成的成果。社會工作者在這一過程中，通過創造支持性環境，賦予了她自我實現的力量。

賦權理論還強調社會工作者需要與服務對象建立平等和尊重的關係。在小恩的婚禮中，當她看到社會工作者來到時的激動反應，顯示出她對這段關係的重視。這表明社會工作者在這段陪伴成長的過程中，已經不僅僅是提供服務的角色，更像是家人般的支持，這樣的聯繫感和尊重感正是賦權過程中的關鍵。

此外，社會工作者在面對孩子的問題時，並不只是簡單地提供幫助，而是鼓勵他們自己做出

決定並為自己的生活負責。這是賦權理論中非常重要的一環，即增強個體對自己生活的控制感。小恩的成功也反映出她在社工的支持下，逐漸具備了這種控制感，從而走向自立的生活。

最後，文章中提到其他參與課輔的孩子也把社會工作者看作類似「第二個爸爸」的角色，這意味著這些孩子從社會工作者身上獲得了情感上的支持和心理上的安全感。這些孩子在情感和認同上的獲得，是他們在克服生活困難、追求自我實現過程中的重要基礎。這樣的情感支持和身份認同的建立，進一步體現了賦權理論中的「能力增強」和「社會支持」的作用。

總結來說，賦權理論的核心在於幫助服務對象擁有控制生活的力量，而這篇文章中的小恩便是這一過程的成功案例。社會工作者通過持續的支持，幫助她建立自信，讓她有能力掌控自己的生活，並最終成為一個獨立、自信和幸福的人。

這樣的賦權過程不僅是對小恩個人的幫助，也是對社區和下一代的積極影響。

國家圖書館出版品預行編目 (CIP) 資料

光影：走在堅持與希望交織的社工路 / 吳文炎著. -- 初版. -- 臺中市：晨星出版有限公司, 2025.02
面；公分

ISBN 978-626-420-055-4（平裝）

1.CST: 社會工作 2.CST: 社工人員 3.CST: 通俗作品

547　　　　　　　　　　　　　　114000711

光影
走在堅持與希望交織的社工路

作者	吳文炎
	a0921183608@yahoo.com.tw
創辦人	陳銘民
發行所	晨星出版有限公司
	台中市 407 西屯區工業三十路 1 號
	TEL:(04)23595820　FAX:(04)23550581
	http：//www.morningstar.com.tw
	行政院新聞局局版臺業字第 2500 號
法律顧問	陳思成律師
讀者專線	TEL:(02)23672044 /（04)23595819#230
	FAX:(02)23635741 /（04)23595493
	service@morningstar.com.tw
網路書店	http://www.morningstar.com.tw
郵政劃撥	15060393（知己圖書股份有限公司）
印刷	上好印刷股份有限公司
初版一刷	西元 2025 年 02 月
定價	400 元
ISBN	978-626-420-055-4

版權所有・翻印必究